汽车技术精品著作系列

基于ISO 26262的汽车功能安全
——方法与实践

陈海军 著

机械工业出版社

本书以 ISO 26262:2018 标准为基础,系统地介绍了汽车功能安全开发的重要内容和实践指南,重点阐述了汽车功能安全从概念开发,到系统以及软件、硬件开发各阶段的开发重点、难点,以及解决方案,并对其过程支持内容,包括安全管理、外部措施、ASIL 分解、安全分析、SEooC 等核心内容,以及与预期功能安全之间的联系,以专题形式进行论述,旨在帮助汽车行业工程技术人员更好、更深入地理解汽车功能安全开发内容,让功能安全开发不再晦涩难懂,从而推动汽车功能安全更好地落地,服务大众,让汽车产品更加安全。

本书适合汽车电子工程师及项目管理人员阅读使用,也适合车辆工程及相关专业师生阅读参考。

图书在版编目(CIP)数据

基于 ISO 26262 的汽车功能安全:方法与实践/陈海军著. —北京:
机械工业出版社,2023.10(2025.5 重印)
(汽车技术精品著作系列)
ISBN 978-7-111-73825-1

Ⅰ.①基… Ⅱ.①陈… Ⅲ.①汽车-安全技术 Ⅳ.①U461.91
中国国家版本馆 CIP 数据核字(2023)第 168904 号

机械工业出版社(北京市百万庄大街 22 号 邮政编码 100037)
策划编辑:孙 鹏 责任编辑:孙 鹏
责任校对:韩佳欣 陈 越 封面设计:马精明
责任印制:常天培
北京机工印刷厂有限公司印刷
2025 年 5 月第 1 版第 3 次印刷
169mm×239mm・12.25 印张・231 千字
标准书号:ISBN 978-7-111-73825-1
定价:99.00 元

电话服务　　　　　　　　网络服务
客服电话:010-88361066　　机 工 官 网:www.cmpbook.com
　　　　　010-88379833　　机 工 官 博:weibo.com/cmp1952
　　　　　010-68326294　　金 书 网:www.golden-book.com
封底无防伪标均为盗版　机工教育服务网:www.cmpedu.com

前言
Foreword

近些年，随着汽车产品向电气化、网联化、智能化趋势发展，新的汽车技术，例如，电驱技术、自动驾驶技术、智能座舱技术等快速进入大众视野，汽车早已不再是简单的机械产品，其职能也不断被拓展，汽车正逐渐演变为一个移动的智能设备。与此同时，汽车系统复杂度也随之急剧上升，汽车安全问题，尤其是由汽车 E/E 系统故障引发的安全事故，更是日益显著。因此，汽车三大安全问题，即功能安全、预期功能安全和信息安全由此诞生，分别从不同的角度，着力解决汽车安全问题，让汽车产品更为安全。

汽车功能安全作为汽车三大安全问题的基础之一，旨在解决汽车 E/E 系统中由系统性失效和硬件随机失效引发的安全问题，实际上近几年我们常听到的电动汽车电池自燃问题、制动失效问题等，本质上都属于功能安全的问题，其重要性不言而喻。

虽然近些年汽车功能安全越来越受到车企的重视，但现有的功能安全法规并非强制性执行，由于成本、周期、KnowHow 等问题，安全相关的开发工作大部分还是依靠企业的自觉性，企业更愿意花时间和成本去改善消费者可以直接感知的性能和功能，例如，汽车的动力性、经济性，以及高级辅助驾驶功能等，汽车功能安全的落地依然困难重重。

鉴于此，我一直想从实践出发，把个人多年博士学习及汽车功能安全相关工作经验进行系统性整理，一方面便于个人对多年工作经验的积累进行系统化梳理和优化；另一方面，也很希望将这些知识和经验分享出去，帮助更多与汽车功能安全相关的从业人员，解决他们在相关内容的学习和工作中所遇到的困难。但说实话，当时我并没有出版一本书籍的想法，只是基于最初的想法，想寻找一个知识分享的平台，所以微信公众号"AUTO 世代"就由此诞生了。

我对于这个公众号的名称，给予了很多期望，由于本人博士学习在德国完成，"AUTO"是个德语词汇，是汽车的意思；而"世代"，代表新的篇章、新的力量，和当今汽车行业大变局正好契合，同时也代表了坚持和不懈的努力。就好像我们经常说的，世世代代坚持不懈为一份事业而奋斗，我觉得这个喻义是美好的，可能也是当今世代不可或缺的精神。带着这样的分享初衷，本人在"AUTO 世代"这个公众号平台上系统性地推出了一系列的文章，内容涉及功能安全、预期功能安全、系统工程等，其中每篇文章，从构思到创作，再到排版，都是我在工作之余倾力完成的。一个人经营一个原创的公众号平台，定期不间断产出高质量原创内容，比我最初想象的困难得多，但值得高兴的是，经过了一年多的坚持，发表的文章赢得了行业内很多朋友的认同和肯定，这反过来也增加了我继续创作的动力。就这样，系列文章不知不觉就已经基本涵盖了汽车功能安全不同开发阶段大部分的开发内容。虽然文章中有些内容还需要继续细化和深入，但汽车功能安全开发全流程的框架已经成形，这时正好收到出版社朋友的出版邀请，所以这本汽车功能安全书籍的出版计划就这样产生了。但对于出版一本书而言，公众号文章内容显然不够，所以在公众号文章内容的基础上，我进行了很大程度的丰富和深化，还增加了很多关于安全分析、ASIL 等级分解、实际操作等相关内容，最终形成了这本书。

回首过去写作的一年多时间，感觉匆匆之间，饱含不易，却也乐在其中，最后还是希望这本书不负初衷，能够对汽车行业内的从业朋友有所帮助和启发，为汽车功能安全的落地贡献个人绵薄之力！

陈海军
2023.8
于沃芬比特

前言

第1章 汽车安全 ··· 1
1.1 从安全角度看目前汽车行业的尴尬 ··· 1
1.2 汽车安全的内涵是什么 ··· 3
1.3 汽车功能安全背景综述 ··· 5
1.3.1 为什么需要功能安全 ··· 5
1.3.2 汽车功能安全研究对象 ··· 6
1.3.3 汽车功能安全标准 ··· 7

第2章 重要术语辨析 ··· 12
2.1 相关项及组成相关 ··· 12
2.2 故障相关 ··· 14
2.3 安全评价相关 ··· 17

第3章 汽车功能安全概念阶段开发 ··· 19
3.1 为什么需要概念阶段开发 ··· 19
3.2 相关项定义 ··· 20
3.3 危害分析及风险评估（HARA） ··· 21
3.3.1 HARA流程 ··· 21
3.3.2 危害分析 ··· 22
3.3.3 危害事件的风险评估（ASIL等级） ··· 24
3.3.4 安全目标 ··· 28
3.3.5 HARA分析实例 ··· 29
3.4 功能安全需求（FSR） ··· 31

3.5 从安全目标（SG）到功能安全需求（FSR） ………………………………… 32
 3.5.1 方法介绍 ………………………………………………………………… 32
 3.5.2 实例 ……………………………………………………………………… 33
3.6 功能安全方案（FSC） …………………………………………………………… 35
3.7 功能安全需求（FSR）分配至系统架构 ………………………………………… 37

第 4 章 汽车功能安全系统阶段开发（I） ……………………………………… 39

4.1 技术安全需求（TSR） …………………………………………………………… 40
4.2 安全机制的本质 ………………………………………………………………… 42
4.3 从功能安全需求（FSR）到技术安全需求（TSR） …………………………… 44
4.4 技术安全方案（TSC） …………………………………………………………… 45
4.5 系统架构 ………………………………………………………………………… 47
 4.5.1 系统安全架构的作用 …………………………………………………… 47
 4.5.2 系统架构相关安全机制 ………………………………………………… 48
 4.5.3 系统安全架构设计 ……………………………………………………… 49
4.6 系统安全分析 …………………………………………………………………… 56
4.7 技术安全需求（TSR）分配至系统架构 ………………………………………… 57

第 5 章 汽车功能安全硬件阶段开发 ……………………………………………… 59

5.1 硬件安全需求（HWSR） ………………………………………………………… 60
5.2 硬件安全设计 …………………………………………………………………… 61
5.3 硬件安全机制 …………………………………………………………………… 62
 5.3.1 自检 ……………………………………………………………………… 64
 5.3.2 硬件冗余 ………………………………………………………………… 65
 5.3.3 看门狗 …………………………………………………………………… 68
 5.3.4 程序流监控 ……………………………………………………………… 69
5.4 硬件安全概率化度量 …………………………………………………………… 71
 5.4.1 硬件随机故障基本类型 ………………………………………………… 72
 5.4.2 硬件随机失效率 ………………………………………………………… 73
 5.4.3 硬件架构的度量 ………………………………………………………… 74
 5.4.4 硬件随机失效的评估 …………………………………………………… 76
 5.4.5 FMEDA 计算 …………………………………………………………… 78

第 6 章 汽车功能安全软件阶段开发 ……………………………………………… 86

6.1 软件开发模型及 ASPICE ……………………………………………………… 86
6.2 软件安全需求（SWSR） ………………………………………………………… 89

6.3 软件架构安全设计 ·········· 90
6.3.1 软件架构安全设计任务 ·········· 91
6.3.2 软件架构开发常见视图 ·········· 92
6.3.3 功能监控层安全设计 ·········· 98
6.3.4 基础软件安全设计 ·········· 100
6.4 软件详细设计 ·········· 106
6.5 软件安全测试内容及方法 ·········· 108
6.5.1 软件安全测试内容 ·········· 108
6.5.2 软件安全验证方法 ·········· 110
6.5.3 软件安全测试用例导出 ·········· 113
6.5.4 如何保证软件安全测试完整性 ·········· 114

第7章 汽车功能安全系统阶段开发（Ⅱ） ·········· 117
7.1 系统及相关项集成和测试 ·········· 117
7.1.1 集成和测试用例的导出 ·········· 118
7.1.2 集成和测试的内容和方法 ·········· 119
7.2 安全确认（Validation） ·········· 125

第8章 功能安全管理 ·········· 126
8.1 整体安全管理 ·········· 127
8.1.1 安全文化 ·········· 127
8.1.2 功能安全异常管理 ·········· 128
8.1.3 能力管理 ·········· 128
8.2 项目相关安全管理 ·········· 129
8.2.1 安全活动管理角色和任务分配 ·········· 129
8.2.2 安全活动影响分析 ·········· 129
8.2.3 安全计划 ·········· 130
8.2.4 安全认可措施 ·········· 131

第9章 功能安全专题 ·········· 133
9.1 外部措施 ·········· 133
9.1.1 什么是外部措施 ·········· 133
9.1.2 外部措施可以降低ASIL等级吗 ·········· 134
9.1.3 外部措施为什么能够降低ASIL等级 ·········· 134
9.1.4 实施外部措施在后续功能安全开发中的注意事项 ·········· 135
9.2 ASIL等级分解 ·········· 135

9.2.1	ASIL 等级分解的意义	135
9.2.2	ASIL 等级分解的前提	138
9.2.3	ASIL 等级分解注意事项	142

9.3 SEooC 145
    9.3.1 SEooC 应用场景 145
    9.3.2 SEooC 和正常的功能安全开发区别 145
    9.3.3 SEooC 应该如何开发 146
9.4 硬件要素评估 150
    9.4.1 硬件要素评估的背景 150
    9.4.2 硬件要素分类（Ⅰ、Ⅱ、Ⅲ） 150
9.5 安全分析 153
    9.5.1 安全分析概述 153
    9.5.2 安全分析范围 154
    9.5.3 FMEA 156
    9.5.4 FTA 165
    9.5.5 STPA 169
    9.5.6 FMEA 和 FTA 在安全分析中的应用 174
9.6 基于模型的系统开发（MBSE） 176
9.7 功能安全与预期功能安全（SOTIF） 179
    9.7.1 自动驾驶安全困局 179
    9.7.2 解决的问题的差异 182
    9.7.3 SOTIF 开发流程概览及与功能安全对比 184

参考文献 188

第1章

汽车安全

自汽车诞生以来，汽车安全问题随之产生，随着汽车技术的不断发展和更新，例如，安全带、安全气囊等被动安全系统，以及 ABS（Antilock Braking System）、ESP（Electronic Stability Program）等主动安全系统，直接或间接缓解了很多汽车安全问题，挽救了无数人的生命。

但与此同时，随着大众对汽车产品的功能、舒适、智能化需求的不断提高，除正常行驶以外，汽车逐渐被赋予越来越多的产品属性，由此汽车产品不断向电气化、智能化方向发展，当前的汽车产品早已不再是简单的代步工具，而是逐渐从一个简单的机械产品变成一个功能及结构越来越复杂的电子电气化产品。尤其是处于当前这样一个汽车行业大变局中，我们见证了很多新技术的快速引入，例如，高级辅助驾驶，甚至自动驾驶等，但与此同时，新的汽车安全问题也不断被暴露出来，甚至比以往更加惨烈，汽车安全问题显得尤为重要。

那到底什么是汽车安全，当前行业存在哪些安全问题，有什么样的特点，对应哪些法规约束，解决安全问题的思路是什么？带着这些问题我们开始本章的内容。

1.1　从安全角度看目前汽车行业的尴尬

这个话题其实有点大，但最近几年，时常能听到汽车安全相关的事故，且个人自从事汽车功能安全开发以来，感慨颇多，正好借此谈谈个人看法。

不知道大家是否有这种感觉，差不多十几年前，我们买手动档的桑塔纳、捷达之类的汽车，除了机械还是机械部分，汽车产品并没有太多电控的部分，开十年也没太大问题，甚至很多老爷车现在还在服役。现在的汽车产品，虽然性价比得到很大提高，但出问题的概率也增加了，很多消费者购车不到一年就频频出现各种问题。

此外，以前提到汽车安全问题，大部分人的第一反应就是要遵守交通规则，安全驾驶，不要酒驾等，而现在提到汽车安全问题，相信大部分人脑海里第一浮现的就是：

- 啊，某某汽车又起火了！
- 啊，某某汽车制动又失效了！
- 啊，某某汽车又出现灵异事件了！
- 啊，……

是的，除用户不当驾驶行为导致的安全问题外，汽车本身的安全问题越来越受到大家的关注和重视。

那到底为什么汽车技术发展到现在，反而感觉出现了更多各种各样的安全问题？

随着造车新势力的入场，整个汽车行业正在加速发展，例如，新能源、高级辅助驾驶这些新的技术很快被大众熟悉并快速量产投入市场。在这种情况下，互联网开发思维给相对传统的汽车行业打了一剂强心针，注入了新活力，并且打破了行业巨头优势，汽车产品价格越来越亲民，用户体验不断提升，但与此同时也带来了一些问题。

首先，汽车电气化、智能化的需求直接导致汽车电控系统复杂度不断增加，而现有技术本身也存在一定局限性，例如，电池技术瓶颈，自动驾驶实现难度就更不用说了。目前高级辅助驾驶或自动驾驶多采取基于大数据的机器学习算法，模型训练数据量还不足以覆盖全驾驶场景，算法也不够完善，与传统的基于确定模型的算法相比，其输出结果带有一定程度的不可预测性。

当然，这里说的重点不是这些技术不应该进入市场，而是由其复杂度和技术不成熟导致的汽车电子电气系统出现故障的可能性极大增加。

其次，面临巨大的市场竞争压力，为了生存、抢占市场，汽车产品研发生产周期缩短，汽车产品需要不断推陈出新，这就意味着汽车企业需要在更短的时间内开发出更加复杂的产品，而安全问题费时费力，不能直接体现在产品可见的外观及功能上，所以产品的安全验证及确认的时间很多时候被动压缩，安全问题被推至次要位置。

最后，随着用户汽车知识和安全意识的不断提高，以及网络信息快速传播，企业对汽车产品本身的安全问题越来越难以推卸责任。

以前汽车出现安全问题，企业一般先从使用者的角度找问题，可能是不当驾驶，也可能是车辆保养不当或是环境恶劣等问题。

而现在，新能源汽车停在那里，结果电池发生自燃，以上借口都没有可能，那就只能是汽车本身质量问题。自动驾驶就更为明显，驾驶员职能不断被取代，要是出现安全问题，大多数情况下都属于汽车自身的安全问题。

总之，汽车技术复杂度不断增加，而开发周期却不断缩减，产品测试验证不足，在这样的大背景下，喜忧参半。不过正是由于这样的安全问题不断暴露在大众面前，极大地引起了消费者除产品外观、功能外，对产品质量的关注，这必然使得汽车主机厂在研发及制造过程中不得不主动提高汽车产品的安全性，毕竟谁都不愿意买哪天就烧起来或者制动失效的汽车。

1.2　汽车安全的内涵是什么

既然目前汽车出现问题的可能性变大了，汽车安全显得越来越重要，那么汽车安全到底在说什么，它包括了哪些方面？我们举例子来说明：

比如，有一天你开着车高高兴兴地哼着小曲，畅想着诗和远方，结果它突然无故开始加速，踩制动踏板也不起作用，这时候你吓得够呛，最后你的爱车直接撞上了前面的车。是的，这种情况下，汽车原有设计的功能出问题了，没有发挥它正常应有的功能，此时所对应的安全问题就是功能安全问题。

再比如，一个黑客组织怀疑你涉及一场惊天秘密。为保守秘密，他们选择制造一场交通事故。就在你开着爱车哼着小曲，畅想着诗和远方的时候，他们对你的汽车控制系统进行网络攻击并控制了整个汽车，让你的车直接撞向旁边的护栏。好在你福大命大，只是受了点轻伤而已。这种情况下，它对应的是信息安全，用于解决来自车辆外部的信息安全威胁造成的人身危害。

再比如，恰逢清明，你把爱车停在了空旷无人的墓地附近的休息站，结果车内大屏显示车头前方出现几个人影在做无规则运动。你心里一惊，这不是见鬼了吧。你特意看了外面，车前面并没有任何人，只有几根草在那里晃动。你在网络上一搜，原来汽车摄像头把前面的草误识别成了人。这种情况下，传感器本身没有故障，而是由识别功能存在局限和算法能力不足导致的问题。这种情况所对应的就是预期功能安全，用于解决系统本身的功能/性能不足造成的危害。

以上三种情况分别对应汽车三大类安全问题，各成体系，并对应相关法规对汽车产品开发过程进行约束和管理，尽可能从不同的角度将车辆可能存在的危害降低到合理的程度，具体如图1.1所示。

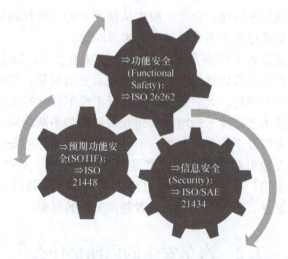

图 1.1　汽车三大类安全问题

是的，你没有看错，没有绝对的安全，现在能做的就是尽可能做到当前市场可以接受的程度，鉴于不同地区的国情、驾驶环境、驾驶员的水平、习惯等因素各不相同，当前市场接受程度也存在很大的差异性。

此外，虽然目前汽车行业对安全问题越来越重视，但安全法规并非强制执行，安全相关的开发工作大部分还是依靠企业的自觉性，为解决不同的安全问题，企业往往要花更多的时间和成本做相应的开发和测试，而消费者在决定买汽车产品的时候，是没办法直接感知和体验汽车安全那部分的品质，更注重它的动力性、经济性，以及有没有一些高级辅助功能等这些相对比较明显的功能。

因此，个人建议，行业内除了目前基本的一些被动安全测试评估外，还应该对不同品牌汽车的其他安全性能进行指标量化或者数据统计，例如，由汽车本身安全问题导致的事故及比例等，作为汽车安全性能方面的参考指标，便于消费者进行参考。

但无论如何，市场和时间是最好的反馈，一两个车型的成功上市只是企业迈出的第一步，随着车型数量及销量的增加，不同车型研发、制造流程趋于复杂化，企业管理和运作效率很可能趋于下降。尤其当大批量汽车产品暴露在各种各样的驾驶环境和习惯下，安全问题更容易暴露出来，由此带来消费者信任危机，从而导致销量下降，严重的可能会导致重大召回事件，这会对企业的形象和利润产生很大的负面影响，这也正是目前造车新势力在逐渐扩张过程中遇到的主要困局之一。

总而言之，汽车不是手机产品，死机了重启就行，它关乎生命，不容轻视！

1.3 汽车功能安全背景综述

汽车功能安全作为汽车安全非常重要的组成部分,也是本书的主要内容,本节主要针对汽车功能安全的几个核心问题,包括为什么需要功能安全、相关法规、其特点等,进行综述性阐述,为后续章节提供背景基础。

1.3.1 为什么需要功能安全

在这个世界上,人和物都不是完美的(愿望很美好,但现实很残酷)。

- **人不是完美的→系统性失效导致的故障**

汽车开发工程师在汽车 E/E 系统开发中,包括软件和控制器硬件,不可避免地存在人为疏忽或错误,引起系统功能失效,进而导致故障并产生危害。这部分人为疏忽导致的失效为系统性失效(注:硬件也存在系统性失效)。

系统性失效具体表现为:

—原因确定,只有对设计或制造过程、操作规程、文档等进行修改才能消除的失效。

—本质为设计错误。

—在测试中可以被复现。

- **物不是完美的→硬件随机失效导致的故障**

控制器硬件,由于自身老化、外部环境等因素引发功能失效,导致相应故障并产生危害。硬件失效带有随机性,并符合一定概率分布,因此被称为硬件随机失效。

硬件随机失效具体表现为:

—机理退化导致。

—外因包括环境因素、温度、气压、压力过载等。

—内因包括元器件材料缺陷、加工工艺问题等。

—在硬件要素的生命周期中,失效非预期发生并服从概率分布,很难被复现。

为了避免上述两种失效,由此诞生了功能安全。功能安全就是为了将由上述提到的两种失效导致的对人的危害尽可能降低到合理的范围。

虽然目前大部分企业对功能安全越来越重视,但对很多企业而言,功能安全难以落地,投入产出比不高,项目进度受阻等,因此,也存在一些质疑的声音,如:

- 为了覆盖极少数可能发生的安全问题,功能安全是否在浪费项目开发时间和资源？

- 标准化的功能安全法规 ISO 26262 是否必须执行？

针对以上相关问题，以下仅谈谈我个人看法：

✓ 对安全问题重视程度取决于企业价值排序。个人觉得，安全第一，企业须竭尽全力保障汽车产品的安全，先发布再进行以牺牲用户利益为代价的市场测试，至少有违道德。

✓ 条条道路通罗马，ISO 26262 只是其中一条，非强制执行。只要企业安全文化到位，产品开发流程有效覆盖功能安全问题，也能走出自己的一条功能安全之路。

✓ 规范的存在既是门槛，也是为了让普通工程师在规范的约束下，有可能开发出一流的符合功能安全的产品（我这么说不要打我，我也是普通工程师）。

✓ 功能安全不是形式主义，不为死抠标准，不为通过评审而做，不会短期见效，却能避免企业陷入重大安全召回的境况。

✓ 系统优化企业组织架构和交流接口，优化开发流程，将功能安全融入企业各自开发流程中，实现不同平台、项目间的最大化复用，是功能安全实施的关键之一。

1.3.2 汽车功能安全研究对象

通过对汽车事故原因研究发现，除了驾驶员本身不当驾驶外，汽车功能安全问题大部分都出现在汽车电子电气系统（E/E），由此汽车功能安全研究范围主要限制在由汽车电子电气系统失效所导致的危害，即汽车软件和控制器硬件的系统性失效，以及控制器硬件随机失效。

此外，针对其研究范围，需要注意以下问题：

✓ 功能安全不关注本质安全问题，所谓本质安全，即从源头直接消除危险产生的原因，从而确保安全的手段。例如，为防止车辆和行人发生相撞，行人走空中连廊，车辆地面行驶，或者车辆地下行驶，二者做到互不干扰。

✓ 汽车机械部件疲劳损坏及化学等原因造成的危害多属于物理设计的范畴，不属于功能安全研究范围。

✓ 汽车功能安全旨在尽可能保证汽车相关人员，包括驾驶员、乘客、车辆周围其他交通参与人员的人身安全。当人和车同时面临危险时，车辆本身的损伤并不在功能安全考虑范围之内，人当然比车重要。

✓ 旨在尽可能避免由系统功能异常导致的危害，而不是为了提高系统原有功能或非安全性能（例如，动力性能、转向性能），或避免系统本身功能不足导致的危害（属于预期功能安全范畴）。

1.3.3 汽车功能安全标准

汽车功能安全标准源于 IEC 61508 标准，20 世纪 80 年代，由于工业文明的兴起，电子及电气元件被应用到工业控制领域，极大地提升了工业自动化程度，进而提升了生产效率。但与此同时，工业自动化控制也产生了很多新的安全问题，例如，控制系统设计不合理、电子及电气元件故障等，导致环境污染，甚至危害生命，由此引发了很多对新兴技术质疑的声音，甚至部分打消了人们对新技术使用的积极性。

为了能够缓解新兴技术和生命安全之间的矛盾，推动新兴技术的进一步应用和发展，功能安全规范在世界范围内应运而生。2000 年 5 月，国际电工委员会正式发布了 IEC 61508 标准《电气/电子/可编程电子安全相关系统的功能安全》，旨在建立一个可应用于各种工业领域的基本功能安全标准，用于规范不同工业领域技术的安全使用。

鉴于行业特性，不同的行业在 IEC 61508 标准的基础上，派生出了适用于各自行业的功能安全标准。针对汽车行业，国际标准化组织（ISO）于 2011 年发布了汽车功能安全第一版，即 ISO 26262:2011，并经过不断完善和补充，于 2018 年发布了第二版，即 ISO 26262:2018。

自汽车功能安全标准发布以来，欧洲 OEM，尤其是德国，率先导入汽车功能安全标准，对供应商提出汽车零部件功能安全质量要求，以此保证产品不存在由设计缺陷而引起的失效风险，并且使用了先进的技术或者措施尽可能降低失效带来的危害。

到目前为止，功能安全标准 ISO 26262 虽然不是强制性执行标准，但随着汽车电气化、智能化，以及汽车产品复杂度的不断提高，它在汽车行业受到越来越多的重视，实施程度也不断提高。

- **ISO 26262**:2018，属于第二版。
- **GB/T 34590**:初版于 2017 年发布，和 ISO 26262 第一版类似，目前针对 ISO 26262:2018 的版本在 2022 年底也已经发布，二者内容基本一致。

ISO 26262 属于方法论模型，它抽象又具体：

抽象在于：除了个别开发流程方法外，其他过程并无明确说明具体如何操作，这导致功能安全开发相对难以落地，不同开发商对汽车功能安全的理解也不尽相同，不同企业产品的功能安全也无法直接横向对比。

具体在于：功能安全开发的流程及其不同开发阶段的工作输出产物明确，尤其是 ISO 26262:2018 针对其支持过程给出了部分实施指南，和 ASPICE 过程参考模型相比，它还是相对比较具体。

可能这就是 ISO 26262 的魅力所在吧！通过既抽象又具体的方法论，一方面，对功能安全开发大体的流程和方法提供了指南，另一方面，考虑了不同企业技术及KnowHow的差异，为技术施行的多样性和新技术的应用提供了可能性。

ISO 26262:2018总共包含12个部分，包括概念开发，系统设计、软件设计、硬件设计等，整个安全标准贯穿于汽车产品的整个生命周期，从产品概念阶段一直到产品报废。

和2011版相比，2018版取消了适用范围对乘用车辆的限制，将其扩展延伸到货车、公共汽车和摩托车等其他车型，还新增了第11部分关于半导体芯片开发的功能安全应用指南和第12部分摩托车功能安全应用这两部分内容，并对功能安全开发主要开发流程和方法进行了部分调整和说明支持。ISO 26262:2018主要内容如图1.2所示。

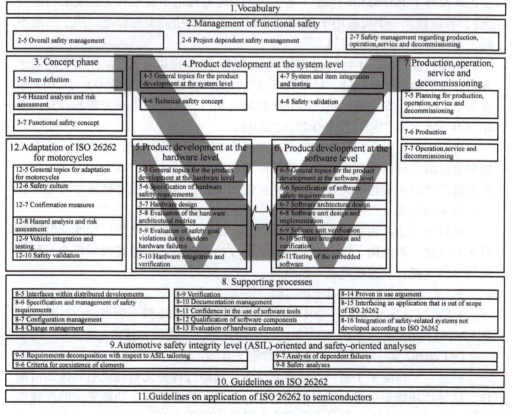

图1.2　ISO 26262:2018 组成[1]

为了方便理解，结合功能安全开发流程，ISO 26262:2018内容概览如图1.3所示，主要包括：

- **第1部分 ISO 26262-1:2018：术语**

第1章 汽车安全

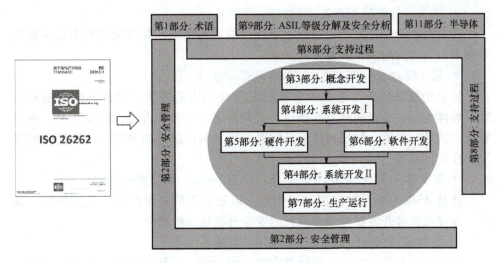

图 1.3　ISO 26262:2018 内容概览

对汽车功能安全标准涉及的重要术语进行解释。

- **第 2 部分 ISO 26262-2:2018：安全管理**

整个汽车功能安全开发过程所涉及活动的管理，包括独立于项目的整体安全管理（例如，安全文化的建立、异常管理、能力培养等），以及项目相关的安全管理（例如，定义在不同的开发阶段，功能安全开发活动应该如何组织、计划，所涉及的安全开发人员的职责等）。

- **第 3 部分 ISO 26262-3:2018：概念开发**

汽车功能安全正式的开发活动始于概念开发阶段，旨在对研究对象在整车级别进行功能层面的安全分析，导出功能安全开发目标及功能安全需求，作为功能安全开发活动最初的逻辑功能安全需求。

- **第 4 部分 ISO 26262-4:2018：系统开发**

分为两大部分：

系统开发Ⅰ：基于概念阶段得到的逻辑功能安全需求，将其进一步细化，得到技术层面可实施的技术安全需求。

系统开发Ⅱ：系统集成验证及安全确认，发生在硬件和软件开发之后。

- **第 5 部分 ISO 26262-5:2018：硬件开发**

基于系统开发阶段得到的技术安全需求中和硬件相关的安全需求，进行硬件部分的开发、集成及测试。

- **第 6 部分 ISO 26262-6:2018：软件开发**

基于系统开发阶段得到的技术安全需求中和软件相关的安全需求，进行软件部分的开发、集成及测试。

- 第 7 部分 ISO 26262-7:2018：生产运行

涉及汽车产品在生产、运行、服务（维护与维修）和报废过程中相关的安全要求，负责的组织及具体责任。

- 第 8 部分 ISO 26262-8:2018：支持过程

针对功能安全开发过程中重要的章节或通用的方法，进行具体说明和指导。具体包括：分布式开发的接口，安全要求的定义和管理，配置管理，变更管理，验证，文档，使用软件工具的置信度，软件组件的鉴定，硬件组件的鉴定，在用证明等。

- 第 9 部分 ISO 26262-9:2018：ASIL 等级分解及安全分析

涉及 ASIL 等级分解前提和可能性，以及在不同开发阶段，包括概念、系统、硬件及软件开发过程中所涉及的安全分析活动的指导。

- 第 10 部分 ISO 26262-10:2018：导则

功能安全开发主要内容指导及应用实例说明，以帮助从业人员更好地理解和实施汽车功能安全开发内容。

- 第 11 部分 ISO 26262-11:2018：半导体

针对半导体相关的功能安全开发指导。

其中，概念开发、系统开发（Ⅰ，Ⅱ）、硬件开发、软件开发及生产运行为汽车产品完整的产品生命周期的主要开发过程，从广义的角度讲，其他部分内容均属于支持过程。

此外，V 模型是汽车功能安全开发过程重要的开发模型，如图 1.4 所示，整个产品周期总共涉及三个 V 模型，包括：

- 系统开发 V 模型。
- 软件开发 V 模型。
- 硬件开发 V 模型。

所有 V 模型都是从需求出发，到架构设计，再到具体实现，最后进行集成验证及系统确认（确认只发生在系统层面）。为加速功能安全开发过程，项目开发方法可以和敏捷开发相结合。

在这些不同的开发阶段，汽车功能安全到底是如何被保证的呢？

总体而言

✓ 除通常的质量管理（QM）外，对汽车 E/E 系统中软/硬件全生命周期功能安全开发的流程、方法等进行约束和规范（主要是通过 ASIL），尽可能降低人为的结构性的系统性失效。

✓ 对控制器硬件部分进行概率化的度量，尽可能降低硬件随机失效可能性。

✓ 除开发过程约束外，采取安全机制，有效发现，显示，控制失效，设定

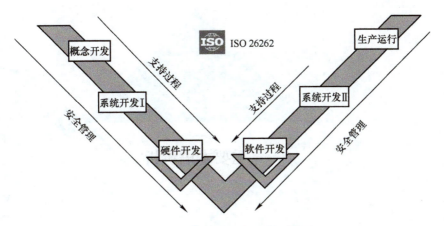

图1.4 汽车功能安全开发V模型

车辆运行的安全状态,一旦系统发生故障,在故障容错时间内将系统导入安全状态,避免对人身、财产造成伤害。

具体而言

✓ 首先,在整车层面,根据研究对象所实现的功能(例如,加速、减速、转向等),识别这些功能可能存在的潜在危害(例如,车辆突然不受控加速、减速、转向等)。

✓ 其次,对识别到的潜在危害进行量化,即考虑危害在不同车辆运行场景下(例如,车速、路况等),对人造成的伤害程度、出现的频率等,并对其进行量化区分。当然危害造成的伤害越大,对其重视程度就应该越高。为此,功能安全引入了安全等级,即ASIL(Automotive Safety Integrity Level)等级,对危害进行分级,用于量化危害的风险。

✓ 最后,根据ASIL等级,对汽车软件和控制器硬件开发流程进行约束,在可能出现危害的薄弱环节制定相应的安全措施。ASIL等级越高,约束程度或者安全措施的要求越高。这样,一方面,从设计的角度出发,尽可能避免系统性失效,降低硬件随机失效发生的概率,另一方面,如果还是发生了失效,尽早发现故障,给驾驶员警示故障,让驾驶员可以进行有效干预,或控制车辆系统快速进入安全状态,防止伤害的最终产生。

第2章 重要术语辨析

功能安全开发过程中会涉及很多专业术语，ISO 26262-1:2018[1]罗列了所有可能涉及的功能安全专业术语并对其进行解释。为了更好地理解后续汽车功能安全开发内容，本章针对其比较核心的一些专业术语进行阐述。

根据术语的相关性，在此将其分为三类，包括相关项及组成相关、故障相关及安全评价相关，并对其进行辨析和示例阐述，其他的专业术语，需要结合功能安全开发活动背景，因此会在后续的章节中结合相关内容逐步进行阐述。

2.1 相关项及组成相关

- **相关项（Item）**
  - 汽车功能安全 ISO 26262 专有术语，其本质是定义功能安全研究对象，主要指用于实现车辆特定功能或部分功能的单个系统或多个系统。
- **系统（System）**
  - 系统一般定义为用于实现某个或某些功能的要素的集合。
  - 功能安全对系统的定义进一步具体化，认为系统应该至少包括一个传感器、一个控制器和一个执行器。这个定义比较好理解，系统缺乏三者中任意其一，系统功能都不能对外实现，尤其是执行器部分，没有执行器，则意味着无法对外进行功能输出（例如，转矩输出），本质上就无法产生危害，这也是功能安全强调系统组成的原因所在。
  - 系统相关的传感器或执行器可以包含在系统中，也可存在于系统之外。

例如，辅助或自动驾驶系统，其执行器一般都位于传动、制动或转向系统内部。

- 组件（Component）
  - 逻辑上和技术上可分的非系统层面的要素，由一个以上硬件组件或一个到多个软件单元组成。
  - 组件是系统的一部分。
  - 示例：微控制器，如图 2.1 所示。

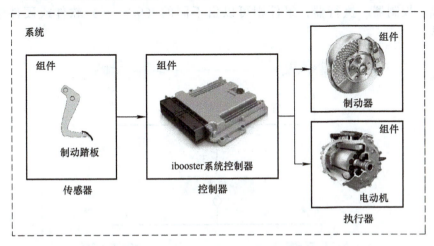

图 2.1　ibooster 系统和组件基本概念

- 功能（Function）
  - 功能的本质为需求，是用户对相关项能力的预期。例如，车辆可以加速、减速等。功能（Function）和软件（Software）有根本区别，软件是实现功能的手段之一。

- 软件组件（Software Component）
  - 由一个或多个软件单元构成的相对独立的软件集合。

- 软件单元（Software Unit）
  - 软件架构中最小层级且可被独立测试的软件组件。

- 硬件组件（Hardware Part）（硬件元器件）
  - 由一个或多个硬件元器件构成的相对独立的硬件集合。
  - 示例：微控制器的 CPU、电阻器、微控制器的闪存等。

- 要素（Element）
  - 属于广义的定义，系统、组件（硬件、软件）、硬件元器件或软件单元都可以是要素。

图 2.2 以 UML（Unified Modeling Language，具体见 6.3.2 小节内容）中类图的形式展示了功能安全不同层面研究对象的关系，其中虚线+三角箭头表示关联的二者之间存在实现（realization）关系，实线+空心菱形箭头表示关联的二者之间存在聚合（aggregation）关系，属于整体和部分之间的组成关系，连接线上的数字表示它们的数量从属关系。

即：相关项用于实现一到多个（1…*）功能，相关项由一到多个（1…*）系统组成，而根据 ISO 26262 定义，系统至少由三个组件构成（3…*），即传感器、控制器、执行器，组件则可以由不同的（0…*）软件或硬件组件构成。

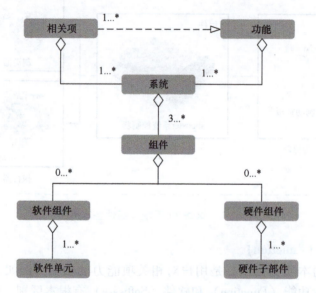

图 2.2　相关项、系统、功能、组件（软件、硬件）相互关系图

2.2　故障相关

- 故障（Fault）
  - 可引起要素或相关项失效的异常情况。
  - 当子系统或组件处于错误状态时，可能会导致系统出现故障。
  - 可以分为永久性故障、间歇性故障和瞬态故障（尤其是软错误）。
  - 间歇性故障会间歇性发生，然后消失。当一个组件处于损坏边缘时或由于开关问题，间歇性故障可能会发生。某些系统性故障（例如，时序裕度不足）也可能导致间歇性故障。

- 错误（Error）

—计算的、观测的、测量的值或条件与真实的、规定的、理论上正确的值或条件之间存在差异。

—错误可由未预见的工作条件引起或由所考虑的系统、子系统或组件的内部故障引起。

- 失效（Failure）

—由于故障导致的要素或者相关项要求的执行功能的能力的终止。

以 ibooster 控制系统（图 2.1）故障为例，故障、错误和失效之间的关系如图 2.3 所示。

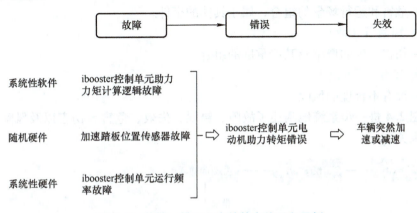

图 2.3　故障、错误和失效基本关系和示例

其中：

—故障是最初的原因，是引起要素或相关项失效的异常情况，它包括了系统性失效（软件和硬件）和硬件随机失效，即控制单元助力力矩计算逻辑故障、加速踏板位置传感器故障等。

—故障会进一步导致错误，使得计算偏离理论或正确值，即电动机助力力矩错误。

—错误的出现会最后导致系统某功能或能力的失效，即车辆出现突然加速或减速，没有办法按照驾驶员预期运行。

所以，故障是原因，错误是中间过程，而失效则是最终结果体现。当然，随着关注对象层级的变化，这三者的对应关系会随之发生变化。例如，对于车辆级别而言的失效，其错误一般源于系统级别，故障则是系统中某个或某些子系统发生了问题，而如果关注对象为系统层级，原有的系统级别的错误则变成了失效，错误则源于系统中某个或某些子系统，故障则是子系统中的组件出现了问题。

- 伤害（Harm）
-对人身健康的物理损害或破坏。
- 非功能性危害（non – Functional Hazard）
-不正确功能之外的其他因素导致的危害。
- 危害（Hazard）
-由相关项的功能异常表现而导致的伤害的潜在来源。
-注：该定义仅限于 ISO 26262，更通用的定义是，危害是伤害的潜在来源。
- 危害事件（Hazardous Event）
-危害和运行场景的组合，属于具体的事件。
- 风险（Risk）
-伤害发生的概率及其严重度的组合。
- 安全（Safety）
-没有不合理的风险。

图 2.4 进一步系统地阐述了故障、错误、失效、危害、伤害以及风险之间的因果关系。

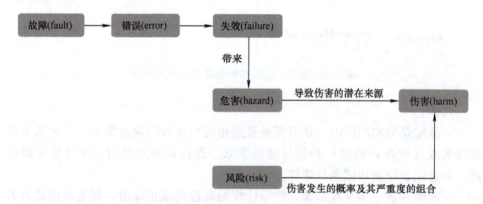

图2.4 故障、错误、失效、危害、伤害、风险相互因果关系

故障会导致错误出现，错误进一步导致系统某功能失效，失效则带来了相应的危害，而危害是导致伤害的潜在来源，但不是所有的危害都一定会导致伤害，危害必须和车辆具体运行场景相结合，形成危害事件，才能进一步判断是否产生伤害及伤害的程度。

那如何衡量危害造成的伤害的可能性和其严重程度呢？

这就需要进一步量化伤害的风险（risk），为此 ISO 26262 提出采取三个不同的参数去量化危害的风险，最终确定不同危害事件的 ASIL 等级，具体内容会在第 3 章概念阶段开发进一步阐述。

2.3　安全评价相关

- **汽车安全完整性等级（Automotive Safety Integrity Level，ASIL）**
  - ISO 26262 定义了 4 个 ASIL 等级，即 ASIL A、ASIL B、ASIL C、ASIL D，其中 ASIL D 代表最高严格等级，ASIL A 代表最低严格等级。
  - 四个等级中的每一个等级定义了相关项或要素的必要的要求和安全措施，以尽可能降低不合理的残余风险的可能性。安全等级越高，对该要素的开发要求和安全措施要求越高，一般情况下，开发难度和成本也越高。

- **质量管理（Quality Management）**
  - 即 QM，属于企业内部基本的质量管理流程，主要指企业在产品质量管理方面所需要的指导和控制组织的协调活动。
  - QM 不属于 ASIL 等级，但可以在危害分析和风险评估中使用。

- **验证（Verification）与确认（Validation）**

  属于功能安全开发过程中，非常重要的且容易混淆的两个概念。

  - 验证（Verification）：提供客观证据，证明开发过程满足规定要求，旨在回答：Are we building the product right?

  简单说就是，关注实现过程，不看结果，即整个开发过程是不是按照规定的要求去做，工作输出物是否完整，至于输出结果是否满足客户最终的预期功能或需求，不属于验证的范畴。

  - 确认（Validation）：提供客观的证据，证明开发结果满足客户预期的功能或需求，旨在回答：Are we building the right product?

  简单说就是，关注结果，不关心过程，即不管开发过程，关心最终输出结果是否满足客户预期需要功能或需求。

  例如：对于把大象装进冰箱里这个需求，规定的要求是：①打开冰箱门；②把大象放进冰箱；③关上冰箱门。

  验证需要做的是，检查整个操作是不是按照这三个规定的步骤进行，如果其中某个步骤被遗漏或执行顺序存在问题等，验证就无法通过。

  而确认需要做的是，不管是先开冰箱门还是什么，重点是大象是否被装进了冰箱。有可能验证全部通过，但大象自己又从冰箱里走出来了，最后确认还是没办法通过。

  需要注意的是，确认（Validation）多发生在验证（Verification）之后，更多在系统或产品阶段，所以在 ISO 26262 中，软件、硬件开发 V 模型右边对应的测试均为验证过程，多由供应商完成，只有相关项集成后对应的车辆级别的最终测试属于确认过程，多由主机厂承担。

- 表格的诠释

  – 表格是 ISO 26262 方法论重要的体现，它依据不同的 ASIL 等级，以下两种方式列出了不同的方法：

  1）一个连续的条目（在最左侧列以顺序号标明，如1、2、3）。

  2）一个选择的条目（在最左侧列以数字后加字母标明，如2a、2b、2c）。

  – 对于连续的条目，应按照 ASIL 等级推荐使用表中列出的全部方法。在实际操作中，强烈推荐或推荐的方法可以用未列入表中的其他方法替代，甚至可以不选择所有的方法，但需要给出能够满足相应要求的明确理由。

  – 对于选择性的条目，可以选择性采用，至少应按照指定的 ASIL 推荐等级，使用表格列出的或不在表格中的一个或多个方法。如果所列出的方法对于一个 ASIL 等级来说具有不同的推荐等级，宜采用具有较高推荐等级的方法。

  – 不管连续的条目还是选择性条目，对于一个 ASIL 等级，表中列出的相关方法的推荐分类如下：

  1）"++"表示对于指定的 ASIL 等级，强烈推荐该方法。

  2）"+"表示对于指定的 ASIL 等级，推荐该方法。

  3）"o"表示对于指定的 ASIL 等级，不推荐也不反对该方法。

第3章 汽车功能安全概念阶段开发

ISO 26262 整个开发流程基于 V 模型，包括了从概念阶段到系统阶段，再到具体的软件及硬件的开发，所以汽车功能安全开发活动始于概念阶段。

根据概念阶段开发的流程，该阶段主要包含以下内容：
- 相关项定义（Item Definition），即定义研究对象。
- 危害分析和风险评估（Hazard Analysis and Risk Assessment，HARA），即导出安全目标及 ASIL 等级。
- 功能安全方案开发（Functional Safety Concept，FSC），即形成系统化概念阶段工作方案作为输出。

3.1 为什么需要概念阶段开发

很多朋友可能疑惑，为什么被称为概念阶段，感觉不够专业，接下来我们一起来看它的本质。

汽车产品开发基于需求，需求是产品开发的基础。好的需求很大程度上直接决定了产品的功能和质量，对汽车功能安全的开发也不例外。我们所熟知的用于功能实现的需求多源于用户需求，而功能安全开发的需求源于功能实现。

在不同开发阶段，需求根据其细化程度可分为：
- 功能层面的需求：相对抽象的逻辑功能需求（就是非技术人员也能看得懂），需细化至技术需求。
- 技术层面的需求：技术层面可实施的需求，可直接转化为软硬件开发

需求。

所以功能安全概念阶段开发的本质是，在相对抽象的逻辑功能层面，通过安全分析，提出功能安全开发最初的安全需求，因此，被称为概念阶段。

具体而言，就是通过对相关项所实现的功能进行危害分析和风险评估（HARA），导出功能安全开发最初安全目标（Safety Goal），以及对应的功能安全需求（Functional Safety Requirement，FSR）。

其中：

✓ 安全目标（Safety Goal）本身也属于安全需求，只不过是基于整车层面功能安全分析导出的最初的最抽象的功能安全需求而已。

✓ 功能安全需求（FSR）是在逻辑功能层面上，基于安全目标进一步细化得到的组件级别的功能安全需求，只有细化至组件级别的安全需求才能用于组件的进一步开发。

为了定义功能安全需求：

- 首先，必须定义研究对象，由此展开"概念阶段开发 – 相关项定义"内容。

- 进而，需要采取安全分析方法导出研究对象所对应的功能安全需求，由此展开"概念阶段开发 – HARA"内容。

3.2 相关项定义

相关项定义的本质为确定功能安全研究的对象，内容比较简单，为方便理解，下面给出个人总结的公式定义：

相关项 = 结构 + 功能描述 + 对象属性特征

- **结构**：研究对象是什么，由哪些系统及组件构成，一般可以采用通用化的建模语言 UML（Unified Modeling Language）或 SysML（Systems Modeling Language）中的结构类的视图进行表达（实在不行的话，也可以借助 PPT 类的工具）。

- **功能描述**：描述研究对象实现了哪些整车级别的功能，例如，加速、减速、转向等，但非具体组件的功能（例如，传感器采集具体信号、控制器具体输出等）。功能描述是后续危害分析和风险评估（HARA）的重要基础。

- **对象属性特征**：研究对象预期的可能存在的功能失效、内部及对外依赖关系（以接口体现）、相关法律法规等。

注：在产品开发过程中，可对相关项进行裁剪，复用类似相关项工作输出产物，以此缩短产品开发的周期并降低成本。

3.3 危害分析及风险评估（HARA）

完成了功能安全研究对象的定义，即相关项定义，就需要对相关项所实现的功能进行安全分析，识别可能存在的危害，并对其进行量化，最后导出安全目标（SG）和对应的功能安全需求（FSR），形成功能安全开发的基础。

简单来说，HARA 是在概念阶段为导出功能安全目标及其 ASIL 等级的系统安全分析方法。

具体而言，如图 3.1 所示，根据相关项定义的功能，分析其功能异常表现，识别其可能的潜在危害（Hazard）及危害事件（Hazardous Event），并对其风险进行量化（即确定 ASIL 等级），导出功能安全目标（Safety Goal）和 ASIL 等级，以此作为功能安全开发最初最顶层的安全需求。

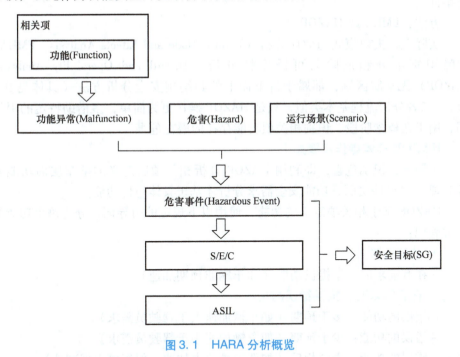

图 3.1　HARA 分析概览

3.3.1　HARA 流程

HARA 流程如图 3.2 所示。

HARA 分析需要相关项定义作为输入，根据相关项功能描述部分，进行后续危害分析，具体包括危害分析，评价危害的分析（即 ASIL 等级确定），以及

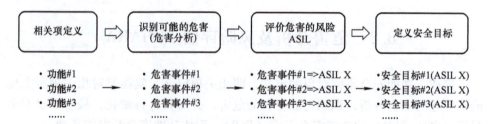

图 3.2　功能安全概念开发阶段为了导出安全目标所采用的 HARA 分析流程

定义安全目标这三部分内容。

3.3.2　危害分析

目的：利用安全分析方法，对相关项定义的功能进行分析，识别危害和危害事件。

方法：FMEA 或 HAZOP

实际上，失效模式与效应分析（Failure Mode and Effects Analysis，FMEA）故障识别部分和危险与可操作性分析（Hazard and Operability Analysis，HAZOP）无本质区别，都属于自下而上的归纳型安全分析方法（具体见 9.4 节），二者分析流程基本类似，只是 HAZOP 操作更为简单，多借助特定的引导词，用于在概念阶段，识别相关项功能存在的潜在危害。

HAZOP 具体操作步骤如下：

步骤一： 识别危害，即利用 HAZOP 分析相关项所定义的整车层面功能异常表现（非组件层面，功能安全需求分析才基于具体组件功能）。

HAZOP 基于相关项定义的功能，使用以下规定的引导词，分析每个功能的异常表现：

- **功能丧失：**
- －在有需求时，不提供功能（如车辆非预期加速）。
- **在有需求时，提供错误的功能：**
- －错误的功能：多于预期（如车辆加速大于驾驶员需求）。
- －错误的功能：少于预期（如车辆加速小于驾驶员需求）。
- －错误的功能：方向相反（如驾驶员要求加速，但车辆出现减速）。
- **非预期的功能：**
- －无需求时，提供功能（如驾驶员无加速需求，但车辆提供加速度）。
- **输出卡滞在固定值上：**
- －功能不能按照需求更新（如驾驶员需先加速后减速，但车辆一直提供加速）。

注：对每个功能分析不一定会使用到所有的引导词，可对其进行裁剪。
功能异常分析举例：
针对车辆转向系统转向这个功能，根据 HAZOP 引导词分析，其功能异常表现有：非预期转向、转向不足、过度转向等。
步骤二： 运行场景分析，将危害和运行场景结合，形成危害事件。

危害 + 运行场景 = 危害事件

很多朋友很疑惑，危害和危害事件的区别，以及为什么要将危害场景化，形成危害事件？具体原因如下：

✓ 危害是抽象的可能性，不可量化，需结合不同的运行场景，形成具体的危害事件。

✓ 同一危害在不同的运行场景下，形成危害事件的严重性、出现的频率及其危险的可控性不同，即 ASIL 等级不同。

例如，车辆发生非预期的转向，这属于车辆级别的危害，但它一定会造成伤害吗？答案是不一定，需要结合具体的车辆运行场景来判断，在不同车速和道路环境下，可能和周边基础设施或行人发生碰撞，可能和迎面驶来的汽车碰撞，也可能发生侧翻等，相同的危害在不同的车辆运行环境下造成的伤害是不一样的，这也是为什么需要将危害量化为危害事件的重要原因。

运行场景，即车辆运行环境，包括道路场景（例如，道路类型、路面附着情况等）和驾驶场景（运行状态、车速等）。J2980 提供了具体的场景分类参考，分析中需确保危害最大化的运行场景全覆盖。

危害分析注意事项及约束：

- 危害和危害事件定义必须基于整车层面，例如，危害：非预期的车辆加速。
- 只考虑由所定义的相关项的功能造成的危害，并假设其他相关项正常工作。
- 不应考虑将要实施或已经在前代相关项中实施的安全机制，例如，功能监控、硬件冗余等。
- 可以考虑相关项外部措施对危害的影响，例如，处于相关项外部的 ESP、ABS 或安全气囊、灭火器等。
- 功能失效和相应的危害之间的对应关系：多对一或一对多。
- 需要考虑合理的误操作造成的危害，例如，驾驶安全距离保持不够、合理的误触发。
- 应确保所选择的运行场景列表的详细程度不会导致 ASIL 等级的不适当降低。

需要注意的是： 对一个危害来说，一个非常详细的关于车辆状况、道路条件和环境条件的运行场景列表，会使得用于危害事件分类的场景的颗粒度更为精细。这可以更容易地评估危害事件的可控性和严重度，然而，大量的不同车辆运行场景的细分可能导致降低各自危害事件的暴露等级，从而导致不恰当地降低 ASIL 等级，这可以通过合并类似的场景来避免。

3.3.3 危害事件的风险评估（ASIL 等级）

一旦通过危害分析识别出危害事件，就可以进一步对危害事件的风险进行评估量化，确定对应的 ASIL 等级。为此，ISO 26262-3：2018 中定义了以下三个衡量参数，通过对这三个参数取值进行评估，就可以实现对危害事件风险的量化，即确定唯一与其对应的 ASIL 等级：

- 严重度（Severity）。
- 暴露度（Exposure）。
- 可控度（Controllability）。

不知道大家有没有考虑过，为什么 ISO 26262 采用这三个参数来量化危害事件的风险呢？其背后的意义是什么？

首先需要明确什么是风险，根据 IEC61508 定义：

风险 = 危害事件的严重程度 × 危险发生的可能性

严重性参数比较好理解，就是危害事件造成的伤害的严重程度，例如：轻伤、中度伤害、发生死亡等，其结果是确定的。

那如何衡量危害事件发生的可能性呢？危害事件发生的可能性取决于两方面：

- 发生的频率

危害事件发生的频率直接取决于车辆运行场景，运行场景出现频率越高，危害事件产生的可能性就越大，这就是所谓的暴露度（Exposure）。

例如，车辆以 50km/h 车速行驶于城市道路上，该运行场景发生频率非常高，几乎每次车辆运行，都会遇到该运行场景，而车辆和火车或飞机发生碰撞，该运行场景发生的频率就相对非常低。

- 避免伤害的可能性

危害事件发生后是否一定会导致最终伤害的产生？其实不一定，我们还必须要考虑人为因素，尤其是驾驶员对危害的控制程度。一旦发生危害，如果驾驶员能够对车辆进行合理有效的干预，很有可能也会避免或者降低产生的伤害，这就是所谓的可控性（Controllability）。

例如，车辆发生非预期转向，如果驾驶员能够及时反向打方向盘，及时调整车辆行驶方向，让车辆回到正常行驶轨道并进行一定程度的制动，这样就有可能避免伤害的最终产生。

所以风险代表了危害事件导致的危害严重性和发生的可能性,这就是 ISO 26262 为什么选取这三个参数对危害事件的风险进行量化的主要原因。

那么这三个参数应该如何取值呢?

3.3.3.1 严重度 S

ISO 26262—3:2018[2] 将严重度分为 4 级,即 S0、S1、S2、S3,需要基于确定的理由来预估潜在伤害的严重度。

严重度一般使用 AIS 分级来描述,AIS 代表受伤的严重程度分级,它由汽车事故医学高级协会(Association for the Advancement of Automotive Medicine, AAAM)发布,共分为 7 级[2]:

- AIS 0:无人员伤亡。
- AIS 1:轻伤,例如皮肤表面伤口、肌肉疼痛、挥鞭样损伤等。
- AIS 2:中度伤害,例如,深度皮肉伤、脑震荡长达 15min 无意识、单纯性长骨骨折、单纯性肋骨骨折等。
- AIS 3:严重但未危及生命的伤害,例如无脑损伤的颅骨骨折、没有脊髓损伤的第四颈椎以下脊柱错位、没有呼吸异常的超过一根的肋骨骨折等。
- AIS 4:严重受伤(危及生命、有生存的可能),例如伴随或不伴随颅骨骨折的脑震荡引起的长达 12h 的昏迷、呼吸异常。
- AIS 5:危险伤害(危及生命,生存不确定),例如伴随脊髓损伤的第四颈椎以下脊柱骨折、肠道撕裂、心脏撕裂、伴随颅内出血的超过 12h 的昏迷等。
- AIS 6:极度危险或致命伤害,如伴随脊髓损伤的第三颈椎以上脊柱骨折、极度危险的体腔(胸腔和腹腔)开放性伤口等。

AIS 分级和严重性等级取值对应关系见表 3.1。

表 3.1 严重性 S 等级和 AIS 分级对应关系[2]

等级	S0	S1	S2	S3
描述	无伤害	轻度和中度伤害	严重和危及生命的伤害(有存活可能)	危及生命伤害(存活不确定),致命伤害
AIS 分级	AIS 0 或 AIS 1~6 概率<10%	AIS 1~6 概率>10%	AIS 3~6 概率>10%	AIS 5~6 概率>10%

此外:

✓ 严重性评估中,不仅需要考虑车内驾驶员及乘客,还要考虑车辆外部环境中的参与人员,包括行人、其他车辆等。

✓ 在实际操作过程中,严重性评估多和碰撞事件相关,因而严重性等级多取决于车辆速度差变化。

3.3.3.2 暴露度 E

暴露度 E 主要用于衡量危害事件对应运行场景的暴露概率。ISO 26262—3：2018[2]将暴露概率分为 5 级，即 E0（最低暴露度级别）、E1、E2、E3、E4（最高暴露度级别）。那些尽管在危害分析和风险评估中被定义了，但被认为是不寻常或令人难以置信的场景会被指定为 E0（例如，车辆遭遇在高速公路上由于事故降落的飞机）。与 E0 场景关联的危害事件的后续评估会被排除在进一步的分析之外。

根据危害事件对应的运行场景的特性，暴露度 E 可通过两种方式进行预估：

- 对于持续特性的运行场景：场景运行时间（所考虑的场景）与总的运行时间（上电）的比值来预估。

例如，车辆通过交通路口的平均时间或者车辆在城市工况运行的平均时间。

基于持续时间运行场景下的暴露度 E 取值和持续运行时间比例对应关系见表 3.2。

表 3.2 基于持续时间的暴露度取值[2]

暴露度分级	E1	E2	E3	E4
持续时间	无定义	<1%平均运行时间	1%~10%平均运行时间	>10%平均运行时间

- 对于频率特性的运行场景：某一段时间内发生的频率。

例如，车辆过交通路口的频率或者倒车入库的频率。

基于频率的运行场景下的暴露度 E 取值和出现频率对应关系见表 3.3。

表 3.3 基于频率特性的暴露度取值[2]

暴露度分级	E1	E2	E3	E4
场景频率	绝大多数驾驶员不到1年发生1次	绝大多数驾驶员1年内发生几次	绝大多数驾驶员1月发生1次或多次	平均每次驾驶都会发生

关于暴露度 E 的评估可以查询 VDA 702 运行场景手册中 E 值推荐，其中分别列出了不同运行场景下基于持续时间和频率对应的 E 值。

此外，暴露度的预估不应考虑装备该相关项的车辆数量或占比。

3.3.3.3 可控度 C

可控度 C 表示如果这个给定的危害将要发生，具有代表性的驾驶员能够保持或者重新控制车辆的可能性，或者在这个危害发生范围内的个体能够通过他们的行动来避免危害的可能性。

ISO 26262—3:2018[2]将可控度分为 4 级，即：C0（最低可控级别）、C1、C2、C3（最高可控级别），可控度 C 取值和其描述对应关系见表 3.4。

表 3.4 可控度取值[2]

可控度	C0	C1	C2	C3
描述	基本完全可控	简单可控	一般可控	难以或不可控制

此外，在对可控度 C 进行预估的时候还需注意以下几点：

✓ 可控度可控性受多种因素影响，存在个体差异，需考虑驾驶员平均水平，并对其进行合理假设（例如健康、有驾照）。

✓ 不能基于单个或者特定的驾驶员对危害的操作评价危害的可控制，需基于一定样本容量，对于 C2 及 C3，可以基于一定样本的用户测试决定。

✓ 最好能够明确可控度量化指标，通过仿真或样车测试的方式对 C 参数进行量化评估，并在系统开发完成后对其进行实车验证，这个也属于安全确认（7.2 节内容）的范畴。

根据对危害事件进行评估得到的三个参数的取值，查询表 3.5，就可以得到每个危害事件的安全等级 ASIL。ASIL 等级定义了对相关项功能安全开发必要的要求和安全措施的严格程度，其中，D 代表最高严格等级，A 代表最低严格等级，QM 属于一般质量管理。

表 3.5 ASIL 等级确定[2]

严重度 S	暴露度 E	可控性 C		
		C1	C2	C3
S1	E1	QM	QM	QM
	E2	QM	QM	QM
	E3	QM	QM	A
	E4	QM	A	B
S2	E1	QM	QM	QM
	E2	QM	QM	A
	E3	QM	A	B
	E4	A	B	C

(续)

严重度 S	暴露度 E	可控性 C		
		C1	C2	C3
S3	E1	QM	QM	A
	E2	QM	A	B
	E3	A	B	C
	E4	B	C	D

为了免去查表的麻烦,这里分享个简单的 ASIL 等级计算公式,以 S、E、C 后面的数字为准:

$$S + E + C = 10 = > ASIL\ D$$
$$S + E + C = 9 = > ASIL\ C$$
$$S + E + C = 8 = > ASIL\ B$$
$$S + E + C = 7 = > ASIL\ A$$
$$S + E + C < 7 = > QM$$

需要注意的是:

✓ S、E、C 三个参数一般根据 ISO 26262-3:2018 附录并结合经验、统计数据、仿真、测试等确定。如果存在不确定性,可以适当考虑取较大的值。

✓ S、E、C 三个参数中,对 S 和 E 评估一般相对比较容易,通常可以通过查阅相应标准获取;获取 C 参数较难,因其涉及驾驶员人为反应,且存在个体差异,最好能够明确量化指标,保证评价一致性。

✓ 不同企业对同一危害事件的风险量化即三个参数数值确定,可能不尽相同,审核的重点在于有理有据,合理即可。

3.3.4 安全目标

通过 HARA 过程,根据相关项功能,识别了相应的危害事件,并对其风险进行评估量化,得到了每个危害事件对应的 ASIL 等级。紧接着就可以根据危害事件进一步导出安全目标,得到功能安全开发最初也是最基本的安全需求。

安全目标的导出其实很简单,危害事件的反面即为安全目标。

其中:

● 可以对相似的危害事件进行组合和分类,再导出安全目标,以此降低分析工作量。

● 针对分类后的每一个危害事件导出对应的安全目标。

● 若导出的安全目标存在相似,可对其进行合并,并继承其中最高的 ASIL 等级。

第3章 汽车功能安全概念阶段开发

为了方便读者进行安全分析，特意制作了如图 3.3 所示的 HARA 分析模板，表格左侧为 HAZOP 分析模板，右侧为 ASIL 等级分析模板。

异常功能	危害列表	运行场景					危害事件	严重性S	暴露度E	可控性C	ASIL	安全目标SG
		道路场景			驾驶场景							
		道路类型	道路状况	其他环境	运行状态	速度	运行方向					
功能异常#1	危害#1	高速道路	路面干燥	存在人行道	加速	120 km/h	转向	危害事件#1	危及生命 S3	>10%运行时间 E4	非常小可能性 C3	D	SG#1 (ASIL D)
		城市道路	路面湿滑	障碍物	匀速	40 km/h	直行	危害事件#2	严重伤害 S2	1%~10%运行时间 E3	非常小可能性 C3	B	
		...	...	...	...	...	...	...				
	危害#2											
...	...	...	...	...	...	...	...	...				

左侧为 HAZOP 分析模板，右侧为 ASIL 分析模板。

图 3.3 功能安全概念开发阶段 HARA 分析模板

3.3.5 HARA 分析实例

为了更好地理解功能安全概念阶段危害分析和风险评估（HARA）过程，以电动汽车分布式（Distributed）电池管理系统（Battery Management System，BMS）为例，对其进行 HARA 过程如下。

- **BMS 相关项的定义**

根据 3.2 节内容，对 BMS 进行相关项定义，主要内容见表 3.6。

表 3.6 BMS 相关项定义示例

名称	BMS（Battery Management System）
结构	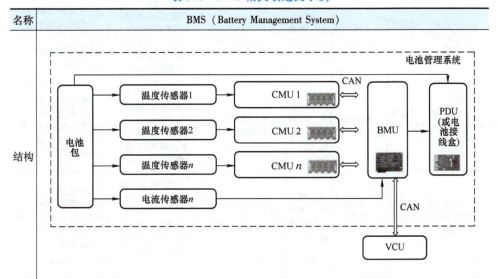

(续)

名称	BMS（Battery Management System）
功能描述	整个电池管理系统主要由电池管理单元（BMU）、单体电池监测单元（CMU）和电池接线盒（PDU）、电池包等组成，其中 CMU 主要负责单体电池模组中单体电池电压、温度、电流的监控，并通过 CAN 总线反馈给 BMU，PDU 主要控制主负继电器、高压采样等
潜在危害	BMS 通过在车辆行驶和充电过程中，实时监测电池的电压、电流、温度等参数，控制电池的充放电过程，防止单体电池由于过电压、过电流、过温等原因，导致电池起火或其他危害，保证电池的性能、安全和寿命

- **BMS 危害分析和风险评估 HARA**

根据相关项定义内容，罗列 BMS 系统功能，根据 HARA 关键引导词，分析系统功能可能存在的异常，导出危害，并结合车辆运行场景，得到危害事件，确定危害事件的 S、E、C 三个关键参数，最终根据表 3.5 确定危害事件的 ASIL 等级，具体见表 3.7。

表 3.7 BMS 危害分析及风险评估 HARA 示例

ID	异常功能	危害列表	运行场景	潜在影响	S	严重性备注	E	暴露度备注	C	可控性备注	ASIL
1	电池失去过温保护功能	过温导致电池失火	车辆静止充电	车辆起火，导致人员受伤或死亡	S3	AIS 5~6 可能性>10%	E4	根据 VDA 702 运行场景或 ISO 26262：2018-3 附录 B，静止状态暴露度为 E4	C1	电池到车辆起火需要 30s，95% 的驾驶人员及附近人员可以逃离	B
2	电池失去过温保护功能	过温导致电池失火	车速<10km/h	车辆起火，导致人员受伤或死亡	S3	AIS 5~6 可能性>10%	E4	根据 VDA 702 运行场景或 ISO 26262：2018-3 附录 B，超低速工况暴露度为 E4	C2	电池到车辆起火需要 30s，90% 的驾驶人员及附近人员可以逃离	C
3	电池失去过温保护功能	过温导致电池失火	10km/h 车速<50km/h	车辆起火，导致人员受伤或死亡	S3	AIS 5~6 可能性>10%	E4	根据 VDA 702 运行场景或 ISO 26262：2018-3 附录 B，城市工况暴露度为 E4	C3	电池到车辆起火需要 30s，80% 的驾驶人员及附近人员可以逃离	D
4	电池失去过温保护功能	过温导致电池失火	50km/h<车速<80km/h	车辆起火，导致人员受伤或死亡	S3	AIS 5~6 可能性>10%	E4	根据 VDA 702 运行场景或 ISO 26262：2018-3 附录 B，国道工况暴露度为 E4	C3	电池到车辆起火需要 30s，80% 的驾驶人员及附近人员可以逃离	D
5	……	……	……	……		……		……		……	……

根据对 BMS 系统所有功能进行 HARA 分析，就可以根据危害事件及其 ASIL 等级导出相应的安全目标。根据表 3.7 所示的 HARA 分析结果，导出相应安全目标示例，见表 3.8。

表 3.8　BMS 安全目标示例

ID	名称	ASIL	安全状态	FTTI
SG01	避免电池过热导致失火	D	断开高压电路	500ms

3.4　功能安全需求（FSR）

功能安全需求（Functional Safety Requirements，FSR）是概念阶段最常听到的概念之一，那什么是 FSR 呢？

功能安全目标（SG）属于基于车辆级别的安全需求，过于抽象，我们需要将其进行细化，得到为满足安全目标，基于组件级别的相对比较具体的但依旧还是基于功能层面的逻辑功能安全需求，这个就是所谓的功能安全需求（FSR）。

大家可能好奇，为什么非要这么麻烦？直接将其细化到技术层面、信号层面不好吗？

是的，不好！

- 一方面，研究分析工作需要循序渐进，很难一蹴而就，对于简单或者非常熟悉的研究对象，在开发人员经验非常丰富或已有类似项目裁剪情况下，可能可以直接从安全目标导出技术层面的安全需求，但对于大部分较为复杂的系统或大部分工程师而言，这个很难做到，很容易出现错误或缺失。
- 另一方面，没有中间工作产物，功能安全评审无法通过。

那么我们应该从哪些方面去定义组件层面的功能安全需求，或者功能安全需求应该解决哪些问题呢？

根据 ISO 26262—3:2018，功能安全需求应该针对以下几个方面，提出相应功能级别的解决方案，作为 FSR：

- 故障预防。
- 故障探测，控制故障或功能异常。
- 过渡到安全状态。
- 容错机制。
- 发生错误时功能的降级及与驾驶员预警的相互配合。
- 将风险暴露时间减少到可接受的持续时间。
- 驾驶员预警，以增加驾驶员对车辆的可控度。
- 车辆级别时间相关要求，即故障容错时间间隔、故障处理时间间隔。

- **仲裁逻辑**，从不同功能同时生成的多种请求中选择最合适的控制请求。

如何理解呢？通俗地讲，功能安全需求（FSR）无非就是基于以下两个角度去定义安全需求：

- **事前预防**：从设计的角度出发，为尽可能避免系统中软件和硬件相关的失效，系统中的组件应该实现或具备哪些功能。
- **事后补救**：如果系统还是发生了失效，及时探测、显示、控制故障，尽早给驾驶员警示故障，让驾驶员有效干预，或控制车辆系统进入一个安全状态，防止或减轻伤害产生。

此外，针对FSR，还需要注意以下几点：

✓ FSR本质是需求，一般是甲方（主机厂）对供应商提出的安全要求，只考虑为满足安全目标及其ASIL等级，系统应该怎么正常工作，不涉及具体的技术实现方式。

例如，功能安全需求示例：制动踏板开度必须正确反映驾驶员制动意图（ASIL D）。至于应该采用什么传感器，具体怎么反映意图都不是功能层面需要考虑的问题。

✓ 针对每个SG，应该至少导出一个FSR。

✓ FSR应该继承对应安全目标的ASIL等级。如果存在ASIL等级分解，则需要遵循ISO 26262—9:2018中独立性（Independence）要求［注意独立性和免于干扰（FFI, Freedom from Interference）的区别，具体见4.7节］。

✓ 如果FSR涉及事后补救措施，则该FSR需要定义相应的安全状态，故障容错时间间隔（如果安全状态需要过渡，还需定义紧急运行时间间隔），这些都属于功能安全需求的特性。

✓ FSR需要分配至系统架构，并作为功能安全方案（Functional Safety Concept, FSC）的组成部分，这部分内容和后续技术安全方案类似，具体见4.7节内容。

3.5 从安全目标（SG）到功能安全需求（FSR）

3.5.1 方法介绍

和安全目标（SG）导出，即HARA过程相比，从安全目标（SG）到功能安全需求（FSR），同样需要进行安全分析，其主要区别在于：

- FSR导出的安全分析的对象基于系统中的组件层次，非车辆级别。
- FSR导出，除了采用归纳分析法（Inductive Analysis），还可采取演绎（Deductive Analysis）分析的方法。

其中，FMEA（Failure Mode and Effects Analysis，即失效模式与影响分析）和FTA（Fault Tree Analysis，即故障树分析）是归纳和演绎最具代表性的分析方法,也是功能安全开发最常用的安全分析方法。

它们二者的主要特点和区别如下:

- **FMEA**
  - 典型的归纳分析法:是从多个个别的事物中获得普遍的规则。
  - 定性分析。
  - 自下而上,从原因到结果,即从可能的故障原因,分析可能的危害结果。
- **FTA**
  - 典型的演绎分析方法:从已知的定律经过逻辑推演得到新的定律的方法。
  - 定性和定量分析,概念和系统阶段多定性分析,硬件度量分析多定量分析。
  - 自上而下,从结果到原因,即从危害结果或事件,分析可能导致其产生的原因。

从 SG 到 FSR,多采用 FTA 分析方法进行分析,主要原因在于:

- **首先**,FMEA 在设计阶段一般指 DFMEA,即 Design FMEA。FMEA 一般用于产品设计或工艺在真正实现之前,对其进行安全分析发现产品弱点,并优化改进。所以 FMEA 意味着通过危害事件发生之前的措施,尽可能避免危害产生,即只包括事前预防措施,这一点和功能安全中的安全机制的要求不同,安全机制属于事后补救措施,是保证汽车功能安全的重要措施。
- **其次**,FTA 自上而下,从结果到原因的分析方法,和从安全目标(SG)到功能安全需求(FSR)的导出方向一致,操作更为便捷,直接根据安全目标(SG),可以更容易完整地识别导致顶层故障(即安全目标的违反)的原因和影响因素。

FTA 基本操作步骤如下:

步骤一:确定分析的边界,包括分析对象、范围、抽象级别。

步骤二:选择分析的故障,即顶层事件,通常将违反的安全目标(SG)作为 FTA 顶层事件。

步骤三:根据顶层事件,确认直接、必要和充分导致故障产生的原因,建立故障树,直至分析的最低抽象级别,即底层基本事件(对于 FSR 而言,一般为分析至系统中的组件级别,如传感器、执行器、控制单元的故障等)。

步骤四:根据底层基本事件,采取安全措施以消除相关故障路径,制定相应的 FSR。

安全分析方法、步骤等具体介绍请见 9.4 节内容。

3.5.2 实例

继续以 3.3.5 小节中 BMS 为例,根据其安全目标,对安全目标的危害事件进行 FTA 分析,这样便于直接导出该安全目标下对应的功能安全需求(FSR)。

安全目标对应危害事件:由于电池过温,车辆发生失火(ASILD)。

对该危害事件进行 FTA 分析，如图 3.4 所示。

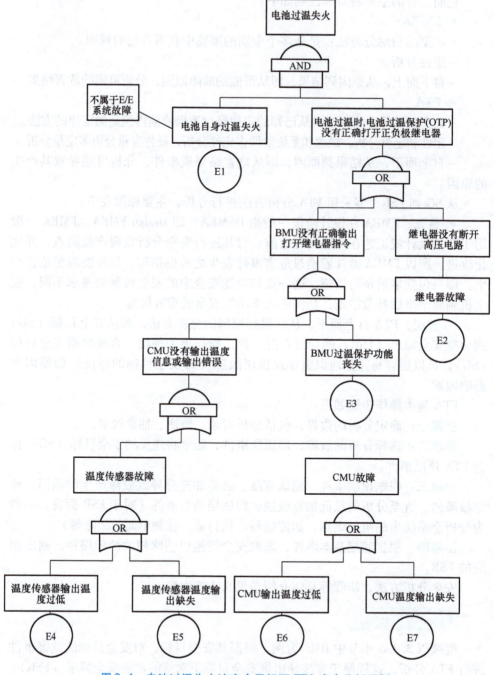

图 3.4 电池过温失火该安全目标下 FTA 安全分析示例

由图 3.4 中 FTA 底层事件（组件级别故障），可以直接导出该底层故障对应的功能级别的安全需求，进而汇总得到该安全目标下所有的功能安全需求（FSR），其中部分功能安全需求示例见表 3.9。

表 3.9　BMS 安全目标 SG01 对应功能安全需求（FSR）示例

ID	功能安全需求 FSR	ASIL
FSR01	电池包温度传感器输出温度不应错误地过低	D
FSR02	电池包温度传感器输出温度不应错误地缺失	D
FSR03	CMU 输出温度不应错误地过低	D
FSR04	CMU 输出温度不应错误地缺失	D
FSR05	继电器不应该错误地没有打开	D
……	……	……

由上可知：
- 功能安全需求（FSR）只是为实现相应的安全目标，对应的系统组件应该实现的功能需求，非具体技术实现手段。
- 在 FTA 分析过程中，可以同时在功能级别对安全目标的 ASIL 等级进行分解或继承（利用 FTA 故障树中的逻辑符号），这样就可以导出功能安全需求 FSR 对应的 ASIL 等级。
- 针对所有的安全目标进行 FTA 分析，其底层事件可能会存在重合且对应不同的 ASIL 等级，此时，应该综合所有安全目标分析结果，以重合的底层事件中最高的 ASIL 等级作为该功能安全需求（FSR）的 ASIL 等级。

3.6　功能安全方案（FSC）

Functional Safety Concept（FSC）一般翻译为功能安全方案或概念，个人觉得功能安全方案更为合理。FSC 本质上是概念阶段所有开发工作，进行系统化汇总后形成的工作输出产物。ISO 26262 对 FSC 定义比较模糊，即为了满足安全目标，FSC 包括安全措施（含安全机制）。

那到底什么是安全措施（Safety Measure）呢？它和安全机制（Safety Mechanism）有什么区别，这里做个辨析：

✓ **安全措施**：包括事前预防 + 事后补救，较为广泛，一切用以避免或控制系统性失效、随机硬件失效的技术解决方案的统称。

✓ **安全机制**：包括事后补救部分，只是安全措施的一部分内容，即当系统出现故障后，为探测、显示、控制故障所采取的措施。安全机制一般涉及具体的技术手段，在概念阶段不做具体要求，会在系统、软件及硬件阶段进行定义。

所以从理论上讲，只要是为保证相关项功能安全，所有在功能层面采取的解决方案都属于功能安全方案的内容。

为更好理解，如图 3.5 所示，一般来讲，一个完整的功能安全方案（FSC）应该包含以下主要内容：

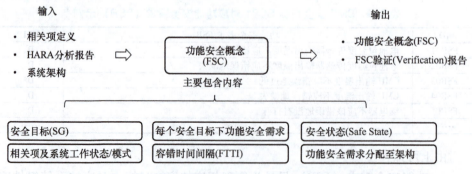

图 3.5　功能安全方案（FSC）输入输出及组成部分

其中，安全状态主要包括：关闭功能、功能降级、安全运行模式、Limp Home 等 Fail to Safe 类型的策略，目前 Fail to Operational 策略，例如冗余运行等，相对较少。

系统一旦违反安全目标，安全机制必须在容错时间间隔（Fault Tolerant Time Interval，FTTI）内，将系统转移到安全状态。

那么怎么确定故障容错时间间隔（FTTI）呢？

一般可以通过对安全目标所对应的代表性的危害事件（一般是 ASIL 等级最高的危害事件）的运行场景进行定量或定性评估得到，包括历史数据、仿真计算、实际故障注入测试等。具体包括：

- 仿真计算：例如，当车辆发生非预期加速（制动）时，可以通过计算在该危害运行场景下，车辆发生故障时，和前（后）车或障碍物发生碰撞的时间，或当车辆发生非预期转向时，偏移所处车道到特定位置所需的时间等。需要注意的是，对于仿真计算而言，如果危害事件只涉及纵向动力学，例如车速变化等，计算过程比较简单，也比较容易实现，但是如果涉及横向动力学，则比较困难，车辆动力学模型，包括轮胎模型等，比较难和实际运行状态贴合，可以实现，但需要大量的验证工作，比较适合系列车型。

- 故障注入实车测试：根据样机或类似车辆，实车模拟车辆运行场景，注入故障，并对整个过程进行测试，最后根据安全接受准则进行判断。刚好满足安全接受准则的故障时间间隔就是至少需要满足的 FTTI。

该方式比较贴近实际，结果比较准确，但需要相应的测试车辆，没有办法最开始就能够实现，且整车故障注入的实施需要相应的保障措施，保证测试人员的安全。

在实际操作中，如果 FTTI 难以通过仿真计算或实验测试确定，可以根据经验对其进行预设，为保证安全，定义的数值可以相对比较保守一些！最后，根据样车测试数据和安全确认指标（Validation Criteria）确定假设的合理性。

理论上，对于 ASIL 等级较高的安全需求的故障容错时间间隔（FTTI），都应该在完成系统集成后，在整车层面进行确认。

最后，聊聊 FSR 及 FSC 书写格式和工具问题：

对于内容格式而言

功能安全需求（FSR）多直接包含在功能安全方案（FSC）之中，FSC 属于概念开发阶段主要工作输出产物，ISO 26262 并没有对功能安全方案（FSC）的内容或结构进行统一要求，只需要将图 3.5 所示内容进行合理组织，形成输出结果，且保证分析结果的可追溯即可。

具体而言，功能安全方案（FSC）除技术文档基本的格式外（包括作者、版本记录、输入、适用范围、缩写等），可以按照以下方式进行内容组织：

- 对相关项定义内容进行描述。
- 安全目标（SG）和功能安全需求（FSR）：一般是按照安全目标（SG）进行结构组织，分别罗列每个安全目标（SG）下，对应的功能安全需求（FSR）。
- 安全状态：一般针对每个或者多个安全目标（SG）设定系统安全运行状态和故障容错时间间隔（FTTI）即可。

对于书写工具而言

功能安全方案（FSC）本质上是需求的集合，所以多采用需求管理工具，例如 IBM Doors、PTC Integrity、Code Beamer、Jama 等专业需求管理工具，这些工具的优点在于：稳定性强、便于版本管理、可实现较好的可追溯性、可适用于不同平台需求的复用，但这些工具都不免费。

当然，也可以采取 Word、Excel 等传统的文本工具进行书写和管理，但很难直接建立需求、架构及测试用例之间的完整追溯性，也不利于评审活动的开展。

3.7　功能安全需求（FSR）分配至系统架构

根据 ISO 26262—3:2018 要求，功能安全需求 FSR 必须分配至系统架构，作为 FSC 的重要组成部分，其主要目的在于：

- 将不同安全目标对应的安全需求及 ASIL 落实到架构中具体的软件或硬件组件当中，进而确定组件开发对应的所有安全需求及最高 ASIL 等级要求，以便于后续的系统、软件和硬件的进一步开发。
- 架构作为需求和具体软/硬件实现之间的桥梁，是基于模型的系统工程开发（Model Based System Engineering，MBSE）的重要内容，通过将需求分配至系统架构，能有效改善基于文本或文档开发的弊端，实现不同模型的统一管理、维护及完整的可追溯性、可验证性。

架构是门艺术，是当前软件定义汽车大背景下，解决系统及软件复杂度的一大利器。比较可惜的是，目前很多车企都没有完整的基于模型的系统架构描述，或只有基于 PowerPoint 等类似工具实现的简单的架构描述，这直接导致，一方面，安全分析工作没有办法依据架构进行开展；另一方面，没有办法将安全需求有效地分配至系统架构元素。

需要注意的是，在功能安全概念开发阶段，系统架构作为外部输入内容，只需要将功能安全需求（FSR）分配至系统架构中的元素即可，一般不需要对系统架构进行额外的功能安全开发。系统安全架构多在系统开发阶段进行设计和开发。

第4章

汽车功能安全系统阶段开发（Ⅰ）

在概念开发阶段，通过对功能安全开发最初的安全需求，即安全目标（SG），进行组件层别的安全分析活动（例如 FTA，FMEA），将安全目标细化得到了组件级别的功能安全需求（FSR）和方案（FSC）。

但功能安全需求（FSR）本质上还是属于功能层面的逻辑功能安全需求，属于"需要做什么"的层次，无法具体实施，所以需要将 FSR 进一步细化为技术层面的安全需求（Technical Safety Requirement，TSR），即"怎么做"的层面，为后续软件和硬件的安全需求开发奠定基础。

根据 ISO 26262，功能安全系统阶段开发内容可以分为两大部分：
- 技术安全需求及方案开发及验证（Verification）。
- 系统集成测试及安全确认（Validation）。

这两部分内容在整个开发流程中并不连续，分别隶属于系统开发 V 模型的左侧和右侧，二者中间穿插了具体的硬件和软件开发。其中，系统阶段技术安全需求（TSR）和方案（TSC）的开发，和概念开发过程及输出产物，即功能安全需求（FSR）和方案（FSC）紧密衔接，而只有完成硬件和软件开发，才能进行系统层面的集成测试和安全确认。

由于内容的独立性，系统集成这部分内容会在软件和硬件开发之后再进行阐述，即第 7 章内容系统开发（Ⅱ）。

针对系统开发第一部分的内容，即技术安全需求（TSR）和方案（TSC），本章主要阐述以下内容：
- 什么是技术安全需求（TSR）。
- 安全机制的本质。

基于ISO 26262的汽车功能安全——方法与实践

- 怎么从功能安全需求（FSR）到技术安全需求（TSR）。
- 什么是技术安全方案（TSC）。
- 安全分析。
- 系统安全架构设计。
- 技术安全需求（TSR）分配至系统架构。

4.1 技术安全需求（TSR）

总体而言，技术安全需求是为满足安全目标（SG）或功能安全需求（FSR），由功能安全需求（FSR）在技术层面派生出的可实施的安全需求。

那到底什么是由 FSR 派生出的技术安全需求呢？

根据 ISO 26262 的定义，技术安全要求（TSR）应该明确功能安全需求在各自层级的技术实现；考虑相关项定义和系统架构设计，解决潜在故障的检测、故障避免、安全完整性（即满足 ASIL 等级）以及产品生产和服务方面的必要安全问题。

什么意思呢？为了更好地理解 TSR 的来源和导出，个人总结的公式如下：

技术安全需求（TSR）= 由 FSR 技术化的安全需求 + 安全机制 + Stakeholder 需求

- 由 FSR 技术化的安全需求

将 FSR 进一步技术化，得到可以实施的技术安全需求，是 TSR 的重要来源，但它只是 TSR 组成部分之一。

所谓由 FSR 技术化的安全需求就是，基于系统架构中组件分配得到的功能安全需求（FSR），根据该组件内部及对外的依赖关系和限制条件，将 FSR 定义的逻辑功能需求进行直接的技术性转化和体现，不做进一步安全措施的衍生。

这部分技术安全需求属于相对基础的 TSR，本质上和正常功能实现部分的技术需求没有区别，只是针对功能安全开发而已，它不涉及深层次的探测、显示、控制或减轻系统出现故障的安全措施，所以并不能保证系统功能安全，它存在的主要目的是为后续相关安全机制的开发或者需求的提出奠定技术基础，提供实施条件及环境。

一般来讲，由 FSR 技术化的安全需求可以包括以下内容：

- 定义逻辑功能需求中所涉及的软件组件、硬件组件（传感器、控制单元、执行单元）。
- 组件之间接口技术信息（例如信号名称、来源或传输方式等）。
- 软件组件计算周期。

—软件组件不同平台复用配置需要的标定数据。

—硬件组件度量指标要求。

- **安全机制**

安全机制（Safety Mechanism）的目的在于探测、显示和控制故障，属于功能安全事后补救措施，是 TSR 非常重要的组成部分，是实现功能安全，防止违反安全目标（SG）或者功能安全需求（FSR）所采取的进一步安全措施。

安全机制应该包含：

—检测系统性及随机硬件故障的措施。

例如，针对系统 I/O、总线信号范围检查、冗余校验、有效性检测、逻辑计算单元数据流及程序流监控、控制器硬件底层基础软件监控等。

—显示故障。

例如，对驾驶员进行声音或不同类型及颜色的指示灯、提示文字等预警，增加驾驶员对车辆的可控性。

—控制故障的措施。

例如，Fail to Safe：将系统在指定的故障容错时间间隔（FTTI）导入安全状态，包括降级、故障仲裁、故障记录等。如果不能，还需要定义紧急运行时间间隔及运行状态。Fail to Operational：通过并行冗余系统，当一个系统失效后，进入另外一个并行系统，继续提供全部或部分功能。

- **Stakeholder 需求**

Stakeholder 需求主要包括车辆使用、法律法规、生产和服务方面相关的安全需求。一般都是以具体技术细节进行呈现，所以会直接并入技术安全需求（TSR），而非 FSR 之中，该部分需求在类似项目中可以复用。

例如，车辆发生碰撞后，相关项应该采取的应对措施，可能是转矩输出非使能、高压系统断电等，这些内容都必须满足相应的法律法规，也是满足不同市场准入的基本条件。

此外，针对 TSR，还需要注意以下几点：

✓ 技术安全要求和非安全要求不能互相矛盾。

✓ 对于使相关项达到或保持安全状态的每个安全机制，应指定以下内容：切换到安全状态的条件、时间间隔（FTTI），必要的话，紧急运行状态及时间间隔。

✓ 对于 ASIL（A）、（B）、C 和 D 等级的技术安全需求（TSR），应该制定防止故障潜伏安全机制。

✓ 对于 ASIL（A）、（B）、C 和 D 等级的技术安全需求（TSR）：用于防止双点故障变成潜伏故障的安全机制的开发应符合以下 ASIL 安全等级要求：

1）ASILB（对于分配为 ASILD 的技术安全要求）。

2）ASILA（对于分配为 ASILB 和 ASILC 的技术安全要求）。

3）QM（对于分配为 ASILA 的技术安全要求）。

这个属于对安全机制的安全机制的 ASIL 等级约束，该约束的本质是对 TSR 对应 ASIL 等级的分解，主要是为了防止由安全机制失效导致的双点故障潜伏（这点会在安全机制的本质部分详细阐述）。

4.2 安全机制的本质

很多朋友很困惑：安全机制到底是什么？它和技术安全需求（TSR）到底有什么区别？

在 ISO 26262:2018-4 中，技术安全需求（TSR）和安全机制这两部分内容独立成章节，并没有合在一起进行阐述，这给很多朋友造成一种误解，认为安全机制和技术安全需求（TSR）好像是不一样的存在，它们的区别也不够清楚。

为更好地理解安全机制，从以下三个方面对安全机制的本质进行阐述：

- **安全机制属于更深层次的 TSR**

安全机制是为防止 SG 或 FSR 的违反，基于由 FSR 技术化的安全需求，提出的更深层次的事后补救技术安全措施，它包括：

✓ 由 FSR 技术化得到的 TSR 的安全机制，主要是防止系统性故障，或硬件单点故障潜伏提出的技术安全需求。

✓ 安全机制的安全机制。

例如，针对某个由 FSR 技术化得到的技术安全需求（TSR），已经存在安全机制 A，但由于该 TSR 的 ASIL 等级较高（C 或 D），且安全机制 A 本身也存在失效的可能性。如果安全机制 A 失效，此时如果原有功能正常，系统不会违反安全目标（SG），但安全机制 A 的失效就会潜伏，二者构成双点故障，所以需要对安全机制 A 的功能安全进行监控，提出针对安全机制 A 的相应的技术安全需求，防止安全机制 A 的故障潜伏。

一般来讲，考虑到系统实现的成本和复杂度，安全机制不超过两层，根据 ISO 26262，三点及以上故障就可以认为安全故障，否则就会出现安全机制的多层嵌套。

- **安全机制是实现相应 ASIL 等级的关键之一**

除 ISO 26262 对不同开发过程的约束（ISO 26262 中多以表格形式列出）外，在系统、软件和硬件开发阶段，不同的 ASIL 等级也直接决定了应该采取哪些安全措施，以及安全措施的类型（或故障有效覆盖程度）。

通常安全需求的 ASIL 等级越高，其对应的安全措施对故障的有效覆盖率要求越高。例如，对于 ASILB 的系统，可能具有单独时间 Base 的 Watchdog 对程序流执行进行监控即可，但是对 ASILD 系统而言，可能需要实施完整的程序流逻辑监控、问答机制等才能满足需求。

当然，对于不同的安全机制，在技术实施难度和成本上都会有所不同，需要根据安全需求的具体情况、技术可实施性、成本等因素综合进行判断。

- **安全机制多和系统安全架构设计相关，一定程度上决定了系统安全架构**

安全机制是保证系统功能安全的非常重要的技术手段，而这些技术手段，例如，硬件冗余、输入输出有效性检验、安全状态导入，或常见的控制器三层安全监控架构等，都会直接影响，甚至决定系统的安全架构，所以安全机制必须在架构设计中进行考虑，融入架构设计之中，这也是为什么在系统阶段开发阶段，ISO 26262 花很长的篇幅来阐述安全机制和架构设计的重要原因之一。

为了方便理解安全机制的本质，以加速踏板信号采集相关的由 FSR 技术化的技术安全需求和安全机制示例如图 4.1 所示。

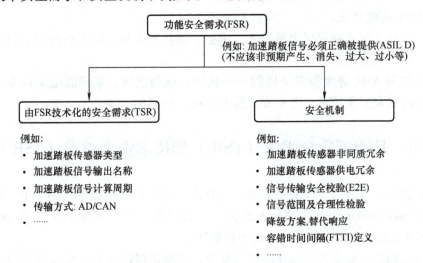

图 4.1 以加速踏板信号采集为例，阐述由 FSR 技术化的安全需求和安全机制之间的区别

其中，左侧属于由 FSR 技术化的安全需求，主要是为了保证加速踏板信号被正确提供，需要的基本技术信息，包括采用什么样的传感器，输出信号名称、类型、采样周期等。右边是对应的安全机制，属于更深层次技术安全需求，这些都是保证系统功能安全的关键技术手段。

那么对于不同的安全需求，应该具体采取哪些安全机制才能满足其 ASIL

等级要求？

这是个很好的问题，一般来说 ASIL 等级越高，需要采取的安全机制的质量或故障覆盖有效性要求越高。但 ISO 26262 并没有，其实也没有办法具体明确 ASIL 等级对应的安全机制，只有针对硬件部分，根据故障覆盖率（中、高、低）要求，推荐了对应的可选的安全机制。

主要原因在于：

✓ 安全机制只是实现 ASIL 等级的一部分内容，ASIL 等级的实现还包括了对开发流程相关的约束，这部分内容没有办法直接量化。

✓ 虽然存在一些通用化的安全机制，可适用于不同的研究对象，但很多非通用化的安全机制的实施，直接和研究对象功能实现相关，研究对象不同，则采用的安全机制也存在很大的差异性，例如，和软件功能多样化设计复现相关的安全机制。

✓ 为功能安全技术实施多样性提供更多空间和选择，便于不同企业根据自身技术积累和开发条件实施，例如，采用不同的安全机制的组合，可以实现相同的 ASIL 等级要求。

✓ 为技术更新换代提供可能性，例如，随技术发展，很多新的安全机制得以在汽车行业应用。

✓ 如果 ASIL 等级和安全机制一一挂钩，强制执行，那可能很多汽车产品都没办法满足安全需求，更不要说推上市场（你懂的）。

4.3 从功能安全需求（FSR）到技术安全需求（TSR）

根据 4.1 节内容，技术安全需求（TSR）具体由 FSR 技术化的 TSR、安全机制和 Stakeholder 需求三部分内容构成，其中由 FSR 技术化的 TSR 和 Stakeholder 需求的导出较为简单，在此不再赘述。

与之相比，安全机制的导出较为复杂，需要依据以往的经验或技术层面的安全分析，分析为满足该功能安全需求（FSR）及对应的 ASIL 等级，所涉及的组件在技术层面应该采取哪些技术安全措施，才能够发现、显示并控制该 FSR 对应的故障，并以此描述相应的安全机制作为技术安全需求（TSR），具体包括：

• 一方面，需要开发人员根据 FSR 所涉及的功能实现过程，对主要控制过程及变量进行监控或进行多样化的设计，根据监控结果设定系统输出状态，系统出现故障时，定义和执行报警和降级策略及时将系统导入安全状态，并将这些安全机制作为技术安全需求（TSR）。

- 另一方面，还需要开发人员全面了解系统级别相关的安全机制（可参考 4.5.2 小节内容），充分考虑 FSR 对应的 ASIL 等级，选择合适且故障覆盖率足够的故障探测，显示及控制技术，并将其融入功能监控或者多样化设计当中。

例如，3.5.2 小节中，电池过温失火对应的温度传感器功能安全需求 FSR01 和 BMU 功能安全需求 FSR03 为例，为了保证传感器以及 BMU 能够提供正确的温度信息（非过小），并满足相应的 ASIL 等级 D，则需要采用温度传感器冗余，并进行相应的冗余计算和判断，以及错误探测显示的安全机制，如图 4.2 所示。

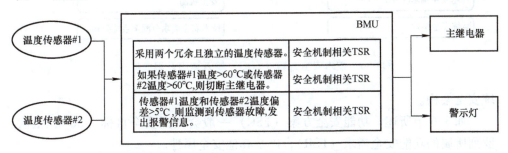

图 4.2　以电池过温失火功能安全需求为例，和安全机制相关的技术安全需求（TSR）

其中，通过采用两个非同质冗余的温度传感器（#1，#2）对电池包温度进行采集，并通过对二者的温度数值及差别进行对比，在出现过温时，及时切断继电器并给出相应的过温警告信息。

4.4　技术安全方案（TSC）

聊完技术安全需求（TSR），技术安全方案（TSC）相对比较容易理解，TSC 和概念开发阶段的 FSC 类似，属于系统阶段围绕 TSR 开发而汇总形成的系统化的工作输出结果。

如图 4.3 所示，一般来讲，一个完整的 TSC 应该包含以下主要内容：

除 TSR 之外，系统安全架构也是 TSC 不可或缺的重要内容，需要在原有的系统架构基础上，对功能安全部分内容进行开发和建模，得到系统安全架构，作为系统阶段技术安全方案（TSC）的重要组成内容，关于系统安全架构设计内容请见 4.5 节内容。

那 TSC 结构应该如何组织？

TSC 主要是描述由 FSR 导出的技术安全需求（TSR）和安全机制，以及系

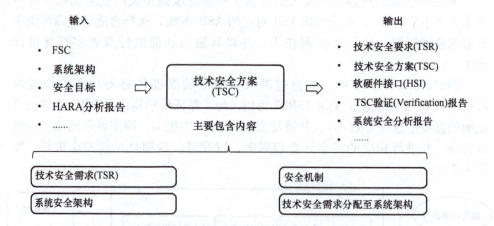

图4.3 技术安全方案（TSC）输入输出及组成部分

统安全架构。

如3.6节所述，功能安全方案（FSC）一般会按照安全目标（SG），依次罗列所属的功能安全需求（FSR），以及其他安全属性。

相比而言，对于技术安全方案（TSC），由于输入的FSR数目众多，所以技术安全方案（TSC）不太可能依照功能安全方案（FSC）的组织方式，直接依次罗列FSR所属的TSR。

此外，考虑到后续需要将TSR分配至系统架构中的元素，所以TSC建议按照系统组件或功能的集合组织结构，阐述每个组件或功能集合下，所包含的技术安全需求（TSR），并进一步区分该技术需求由软件还是硬件或二者共同实现。

那TSC采用什么工具进行书写呢？

关于书写工具，TSC和FSC类似，可以采用Word、Excel等基本文本工具，或采用相对比较专业的需求管理软件，例如IBM Doors、PTC Integrity、CodeBeamer、Jama等。

此外，对于TSC的书写工具，最好可以结合架构设计工具，例如Enterprise Architect、Cameo等，将需求和架构关联起来，这样就可以直接将TSR分配至系统架构之中，这样就可以形成SG、FSR以及TSR之间完整的可追溯性（Traceability），还可以将系统级别的测试用例和安全需求进行进一步关联，这样就满足了安全需求的可验证性，这个在功能安全评审过程中非常重要。

4.5　系统架构

架构是一门艺术,在整个系统、软/硬件开发过程中非常重要,尤其在基于模型的系统开发（Model – Based Systems Engineering, MBSE, MBSE 相关内容请见 9.5 节内容）中,架构模型是整个开发过程的核心。

系统架构和软件架构类似,在基于 MBSE 的开发中,一般采用通用化建模语言 UML（Unified Modeling Language）或 SysML（Systems Modeling Language）,在相关架构开发工具中,如 Enterprise Architect、Cameo 等,建立不同的视图模型,具体内容可以参考 6.3.2 小节软件架构视图相关内容。

4.5.1　系统安全架构的作用

在汽车功能安全第三部分概念开发,以及第四部分系统开发过程中,都需要将基本的系统架构作为输入条件,借助对系统架构的安全分析,帮助导出功能安全需求（FSR）和技术安全需求（TSR）,并将相应的安全需求分配至系统架构。

但在系统开发阶段,我们还需要对系统架构进行进一步的功能安全相关内容的开发,即将技术安全需求（TSR）中和架构相关的安全机制融入原有基本的系统架构当中,形成系统安全架构（Safety Architecture）,以此勾勒出实现系统技术安全需求所需要的核心技术框架,为后续软件和硬件架构的详细设计提供基础。

系统安全架构的开发是功能安全在系统开发阶段必不可少的内容,它的作用在于:

- 帮助我们在一些重要的事情上一开始就做正确的决定,系统规划功能安全实现的框架,确定技术方向,避免资源和时间浪费。
- 对系统功能安全形成统一的理解,帮助我们对内对外更好地沟通和决策,降低沟通成本。
- 对系统设计进行合理的抽象和划分,便于复用和协调工作。
- 架构模型为桥梁,有效统一产品安全需求,实现过程以及测试用例可追溯性和可验证性。

4.5.2 系统架构相关安全机制

根据系统架构，将技术安全需求中架构相关的安全机制融入系统架构，就可以形成系统安全架构，那么系统架构相关的安全机制包括哪些内容呢？

首先，我们先了解下不包含安全机制的基本系统架构。

系统架构旨在描述相关项组成及其相互作用和约束。根据 ISO 26262 定义，相关项由一到多个系统构成，而一个系统应该至少包括 1 个传感器、1 个控制单元、1 个执行器。当然，一个系统也可以包含多个子系统，所以根据系统定义，一个最简单的系统架构如图 4.4 所示（当然，在系统架构中还必须进一步明确传感器、控制单元、执行器内部的组成和结构）。

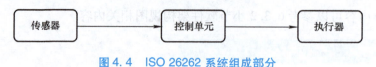

图 4.4　ISO 26262 系统组成部分

既然一个最简单的系统由三个部分构成，那么系统级别和架构相关的安全机制也是和这三个部分以及它们三者之间的通信安全相关。

下面我们一起看看系统层面和架构相关的常见的安全机制：

- 传感器
  - 传感器硬件非同质化冗余。
  - 独立供电。
  - 多通道冗余采集。
  - 自检。
  - 信号有效性和合理性检验。
- 控制单元
  - 在线诊断。
  - 比较器。
  - 多数投票器。
- 执行器
  - 执行器硬件冗余。
  - 执行器控制信号有效性和合理性检验。
- 通信
  - 冗余发送。
  - 信息冗余（例如 CRC）校验。
  - 时间监控。

- 问答机制。

从上述安全机制可以看出，虽然安全机制有很多种类，但无非都源于以下三个方面：

✓ **冗余性**：使用非同质冗余的功能组件（多指硬件），降低硬件随机失效可能性，增加功能安全的可靠性，例如，传感器、执行器冗余等。

✓ **多重性**：多用于故障关闭路径，使用多个关闭路径或保护措施，提供了防止单个措施失效的保护。

✓ **多样性**：使用多样化的设计，尤其是软件设计，降低系统失效的可能性。

需要注意的是，系统阶段的安全机制主要作用是勾勒出实现系统功能安全所需的核心技术框架，明确应该采取哪些技术手段实现相应的安全目标及需求，不会涉及具体的实施细节，这个会在后续软件和硬件开发阶段进一步明确。

4.5.3 系统安全架构设计

了解完系统架构相关的安全机制，紧接着就需要将这些安全机制融入原有的系统架构中不同的组件（包括传感器、控制单元、执行器）之中，进而形成完整的系统安全架构，那具体应该如何进行系统安全架构的设计呢？

4.5.3.1 传感器部分

首先，需要在系统中融入传感器部分的安全机制。需要注意的是，此处的传感器代表广义的输入信息，可以是具体传感器信号，也可以是其他类型的输入信息，例如 CAN、SENT 等。

传感器的硬件冗余（当然传感器必须独立供电，且满足非同质化冗余，避免共因失效问题）多适用于对于 ASIL 等级要求非常高的信号，如 ASIL C、D，其主要目的是通过信号之间的相互校验，避免传感器硬件随机失效，例如，漂移、偏移或卡滞失效等问题，增加系统输入信息的可靠性。

这里的传感器硬件冗余采集可以通过两种手段实现：

1）利用相同或相似类型的两个传感器，对同一信号进行重复采集（例如，踏板信号），但两个传感器的有效测试量程必须存在差别性，例如，两个斜率相同但方向相反的传感器，如图 4.5a 所示，或者一个传感器斜率是另一个的一半，如图 4.5b 所示等，以此避免系统共因失效问题。

2）利用不同类型传感器，对强相关的两个信号分别进行采集和相互校验（例如，制动踏板位置和压力信息等）。

当然，传感器输入冗余信息，在控制单元中，必须进行多路采集，除传感

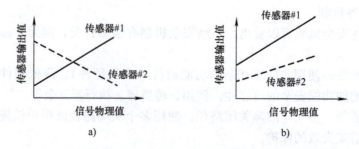

图4.5 相同或相似类型的两个传感器实现传感器冗余采集

器本身提供诊断信息外，还需要对其信号有效性进行检验，包括数值有效范围检测、在线监控、Test Pattern、输入对比、相关性、合理性检测等。

对于其他类型的输入信息，尤其是 CAN、SENT 等类型，除了对信号本身的有效性进行监测外，还需要检查信号通信的安全性，即传输过程是否存在失效问题。

4.5.3.2 控制单元

控制单元属于整个系统中最重要的部分，控制单元相关的安全机制实际上很大程度上决定了系统安全架构和系统复杂程度。

谈到控制单元相关的安全机制，很多朋友的第一反应是，控制器软件分层、控制器硬件冗余（双控制器、Dual Core LockStep 双核锁步等）、看门狗、程序流监控等这些内容。

虽然这些都属于控制单元常用的安全机制，但从系统角度而言，它们只是针对某一类具体失效而实施的软件或硬件安全机制，相对过于具体，需要首先明确大的系统安全架构，然后在其基础上，再将这些具体的软件和硬件安全机制逐步应用于系统安全架构当中去。

那么从系统角度来看，控制单元系统级别安全架构是什么样呢？

一般来说，所有的安全机制本质上都服务于两类系统安全架构：

(1) Fail to Safe

Fail to Safe 是目前汽车行业应用最广泛的安全架构，最典型的应用就是在线监控，将整个控制单元分为功能实现和在线监控两个相对独立的部分，即所谓的的 1oo1D（1 out of 1 + Diagnose）类型系统，具体示意如图4.6所示。

其中：

✓ 功能实现部分一般按正常开发流程开发（也就是全部 QM），主要实现系统的功能性需求，不需要考虑功能安全需求。

✓ 监控单元用于实现系统功能安全相关的需求，主要目的在于对功能实现

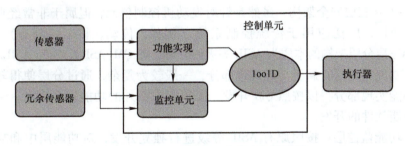

图 4.6　Fail to Safe 系统安全架构设计

部分进行安全监控，实时在线监测功能实现部分是否按照预期运行，一旦发现问题，根据故障严重性，立即将系统导入不同的安全状态，停止提供系统原有功能或者维持最必要的功能。

✓ 需要注意的是，监控单元的实现不是功能层全部功能的多样化复现，只是针对重要控制过程变量的实时监控，不能独立于功能实现部分单独存在，ASIL 等级则直接决定了监控单元的硬件及软件安全机制的复杂度。

✓ 对于 ASIL 等级要求较高的系统，监控单元软件一般独立于功能层。为实现有效监控，监控单元不仅需要对功能层中，和功能安全相关的输入和输出进行诊断，还需要对功能安全相关的计算逻辑进行监控，计算执行器关键控制信号的安全输出范围，并和功能层计算结果进行对比，还需要对控制器硬件进行额外的硬件监控。

如图 4.7 所示，发动机控制单元最常见的 E – Gas[3] 三层安全架构就属于典型的 1oo1D 的应用，包括功能应用层、功能监控层、控制器监控层。

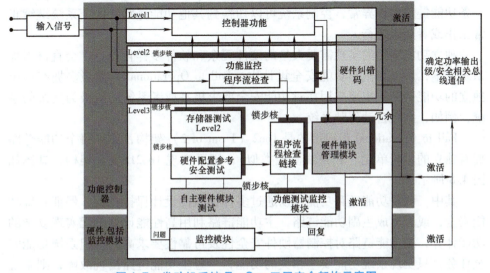

图 4.7　发动机系统 E – Gas 三层安全架构示意图

E – Gas 三层安全架构，虽然是针对发动机控制单元，但属于非常经典的系统安全架构，广泛应用于传统控制系统（例如，传动、整车控制等）当中。E – Gas 三层分层架构的本质为 ASIL 等级的分解，即 QM(ASILX) + X(ASILX)。

✓ 功能应用层：属于功能实现部分，一般较为复杂，通过分层使得较为复杂的功能实现部分得以按照 QM 开发，无须考虑额外的功能安全需求，专注于复杂功能软件的开发。

✓ 功能监控层：按照原有 ASIL 等级进行独立开发，对功能层中和功能安全相关部分进行监控，包括输入输出诊断、逻辑监控、故障分类及故障优先级仲裁等。

✓ 控制器监控层：对功能控制器，尤其是功能监控层控制器硬件进行监控，多和基础软件相关，属于硬件相关的功能安全安全机制一般采用独立的监控单元（一般采用 ASIC 基础芯片）对功能控制器中内存、CPU、通信、定时器等进行监测和保护。

目前 E – Gas 三层安全架构已经更新了很多版，强烈建议朋友们多读几遍，一定会深受启发。

当然，分层式安全架构只是 1oo1D 其中一种实现方式，对于 ASIL 等级要求不高或者功能简单的控制系统，不一定非得采用独立的分层架构，监控层也可以相应简化。

(2) Fail to Operational

Fail to Operational 属于相对高级的系统安全架构，其中，比较器和多数投票器都属于这类安全架构，即整个系统由相对独立的两条或多条功能链路构成，每条功能链路都拥有自己独立的传感器、控制单元、甚至执行器。当其中一条功能链路出现异常，控制系统可以切换到其他功能链路，保证系统继续正常工作或者降级运行。

独立功能链路的实现需要大量的硬件冗余和软件多样化设计，会直接增加系统成本，所以在汽车功能安全设计中，Fail to Operational 一般最多拥有两个独立的功能链路，主要应用在对功能安全要求极高或者系统功能极为复杂的系统，例如，高级自动驾驶系统。

Fail to Operational 最典型的是 1oo2（1 out of 2）架构，如果每个功能链路拥有独立的诊断单元（和在线监控类似），则可实现 1oo2D 安全架构，具体如图 4.8 所示。

其中，两条功能链路功能可以通过多样化软件设计保持一致，保证系统功能安全，或者形成主副功能链路，主功能链路利用高性能计算单元实现复杂的功能计算，副功能链路对控制器硬件安全性及可靠性要求高，承担系统功能安全任务，只实现系统功能安全相关的功能，一旦主功能链路出现故障，则系统

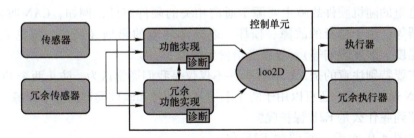

图 4.8　Fail to Operational 系统安全架构设计

切换至副功能链路。

4.5.3.3　执行器

执行器属于系统功能实现终端，执行器冗余会极大增加系统成本，一般在 Fail to Operational 安全架构中才会采用。

例如 EPS 系统、制动系统等，除电动执行单元外，还必须保留机械执行路径。这也是目前自动驾驶系统，为什么还必须保留驾驶员自主驾驶所需要的全部执行输入（例如，踏板、方向盘）的根本原因。

4.5.3.4　通信安全

汽车电子电气系统中存在不同的控制单元，控制单元之间及内部的数据交换必不可免，所以系统中的通信安全，也属于系统功能安全的重要内容。

为保证数据在传输过程中不受破坏，一般会对传输数据进行信息冗余处理（例如 CRC、E2E 保护等），利用数据控制信息，保证信息通信安全。

以 AUTOSAR 架构为例，外部硬件信号需要通过基础软件层，从下到上逐层抽象，将信号传递至 RTE 层，然后通过 RTE 实现和外部硬件以及软件组件之间的通信，或与此相反，应用层的信号需要从上到下依次传递至底层硬件，然后传递给其他控制单元（ECU）。所以，在整个信号传递过程中，每个传递环节都有可能发生通信的故障。在 AUTOSAR 架构中，E2E 属于非常重要的通信安全相关的安全机制，上述的通信故障都属于 E2E 应用的场景。

根据 AUTOSAR 描述，控制单元通信故障主要包括两类：

（1）软件相关故障

这里的软件相关的故障多集中于 RTE 层和基础软件层，具体包括 RTE 层软件故障、自动生成或手动编写的服务层通信服务相关代码的故障、网络堆栈故障（通信接口层和驱动层二者之间的故障）及跨核通信中 IOC/OS 故障等。

(2) 随机硬件相关故障

这里的随机硬件故障主要源于通信相关的硬件组件，例如，CAN 收发器、寄存器等，由于自身的故障、损坏，或外部环境的影响（例如，雷电天气干扰、温度、湿度影响等），导致通信发生故障。

需要特别注意的是，E2E 保护并不仅仅是我们通常认为，防止两个 ECU 之间 CAN 通信故障，还可以用于防止上述其他硬件和软件类型的通信故障。

那到底什么是 E2E 保护呢？

如图 4.9 所示，所谓的 E2E 保护，就是信息发送方在传输信息的时候，除信息本身数据外，额外附加一些控制信息，例如，CRC、计数器等。当信息接收方在接收到信息时，会根据控制信息进行相应的校验计算，并和接收到的或预存的控制信息进行对比，一旦二者存在不一致，则意味着通信出现故障。

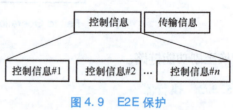

图 4.9 E2E 保护

看到这里，很多朋友可能会产生疑问，这个 E2E 和 CAN 通信的 CRC 校验是一回事吗？

从本质上，虽然 E2E 和 CAN 通信的 CRC 校验（或奇偶校验），都是通过在传输的信息上增加额外的校验信息，以此检测信息传递的正确性，但二者实现的机制不一致：

1）CAN 通信中的校验信息，只包括 CRC 校验，是直接集成在 CAN 通信硬件电路当中，由硬件自动计算完成，主要是对 CAN 通信硬件层进行诊断，然后添加到相应的寄存器。

2）由于 CAN 通信硬件性的 CRC 也存在硬件随机失效可能性，或 CAN BUS 上受损的信号依然存在很小的概率通过 CAN 自身硬件性 CRC 校验，所以对于功能安全等级较高的信号，CAN 自身的 CRC 校验并不能一定保证数据传输的可靠性，所以 E2E 除了使用现有的硬件性的 CRC，还加入或结合了额外的软件性的 CRC 校验以及其他校验信息（例如，计数器等），对数据链路层以上的通信安全进行诊断计算，进一步保证数据传输的可靠性。

根据控制信息及数据传输格式的不同，可以形成 E2E 保护不同的 Header 或 Profile，例如 Profile01、Profile02、Profile04、Profile05、Profile06……Profile22 等。但不论哪种类型的 Profile，它的控制信息或者错误保护机制都是以下内容的组合之一：

① **CRC Checksum**：对数据进行多项式计算得到的结果。

② **计数器（Counter）**：包括 Sequence 和 Alive 类型的 Counter，随着每次

数据的发送，数据计数器发生变化：

对于 Sequence 类型，每次发生数据传输时，计数器增加 1，接收方确认计数器是否正确递增。

对于 Alive 类型，每次发生数据传输时，计数器数值发生变化，但不检查递增值。

③ **Data ID**：事先规定的特殊字段，这部分内容会包含在 CRC 计算当中，但不会在数据总线上传输。

④ **超时监控（Timeout Detection）**：接收方通信超时，发送方超时确认。

对于不同类型的 Profile，只是错误保护机制组合的内容的多少及数据打包的格式有所区别而已，导致其控制信息计算的复杂度及造成的传输负载有所差别，在实际应用中可以直接根据需要，在 E2E Library 选择不同的 Profile 即可。

以最常用的 Profile01 为例，又可以进一步分为不同的种类（Variant），但其的控制信息都包括了 CRC、计数器、DataID、超时监控这四种完整的错误保护机制，其数据格式如图 4.10 所示。

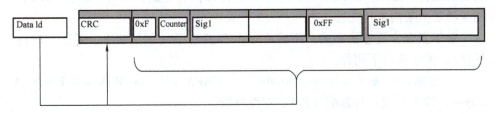

图 4.10　E2E Profile01 数据格式

其中，计数器长度为 4 位，DataID 为 16 位，CRC 为 8 位，采用 CRC/8/SAEJ1850 – 0x1D（$x^8 + x^4 + x^3 + x^2 + 1$）校验类型，而 CRC 计算包括了传输信息本身（Sig1）+ DataID。

需要注意的是：

1）一般 E2E 保护可以实现 ASILD 的数据通信安全需求，但由于控制信息的增加，会导致通信负载率上升，可能出现延迟的情况，所以不是所有和安全相关的信号通信都需直接采用 E2E 保护。

2）E2E 数据通信安全属于功能安全，非信息安全（Security），它的主要目的只是通过在传输的信息或者 Message 中加入冗余校验信息，保证接收端能够识别出接收到的信息是否正确，它存在的目的本身不是为了加密信息，防止被外界获取。

具体的 E2E 其他相关内容请直接参考 AUTOSAR 相关内容，在此不再赘述。

4.6 系统安全分析

安全分析是功能安全最重要的内容之一，它伴随整个功能安全开发过程，是所有安全开发工作的基础，但在每个开发阶段侧重点有所不同。

在概念阶段，安全分析侧重整车功能分析，首先采用整车级别安全分析方法 HAZOP 导出安全目标（SG），然后利用 FMEA 或 FTA 安全分析方法，由 SG 导出功能安全需求（FSR）。

在系统阶段，安全分析的侧重点在于对系统架构的分析，主要有以下两个目的：

- 对系统安全架构进行安全分析，提供系统设计适合性的证据，确保系统架构有能力可以实现安全相关的需求和属性，以及对应 ASIL 等级。
- 对系统进行复查，识别系统架构没有覆盖的故障原因和风险，对于新识别出的危害，必须重新按照 HARA 过程进行分析和更新，并对 FSR、TSR 以及相应的安全架构进行完善。

对于安全分析方法而言，不管在哪个开发阶段（包括概念、系统、软件、硬件），无非就以下两种：

- **归纳分析法（Inductive Analysis）**：FMEA（Failure Mode and Effects Analysis，即失效模式与影响分析）、定性分析。
- **演绎分析法（Deductive Analysis）**：FTA（Fault Tree Analysis，即故障树分析），可定性和定量分析，定量分析多用于硬件指标计算。

具体安全分析方法介绍请见 9.4 节内容。

最后，谈谈大家对安全分析的一个误解，很多朋友谈到安全分析，第一反应是需要采用什么安全分析工具？

在汽车功能安全开发过程中，安全分析方法和过程都很明确，简单地说：

- **FMEA 就是从系统实现功能去分析它们可能存在的潜在失效情况和故障。**
- **FTA 正好反过来，如果出现这种失效或者故障，可能是由系统哪些功能或部件导致。**

很多朋友过于强化安全分析工具的作用，寄希望于通过特定的安全分析工具来实现不同阶段的安全分析，认为有了分析工具就搞定了一切。

但事实上这些分析工具只是支持手段，负责记录安全分析的思路和过程而已。安全分析的重点在于我们对分析对象的了解和认知程度，这些直接决定了安全分析结果的可靠性和全面性，也是安全分析的难点。

当然，行业内也有一些把车辆失效和故障情况直接集成到安全分析工具中的集成化的软件，可以实现快速安全分析。但这些分析工具中所包含的失效情况，很难和具体的研究对象相匹配，可靠性、完整性也难以评估。

安全分析是功能安全核心的开发活动，也是后续开发工作开展的重要基础，所以，还是需要多花时间去认识研究对象，安全分析自然水到渠成，这个才是安全分析的核心。

4.7 技术安全需求（TSR）分配至系统架构

根据 ISO 26262—4：2018 要求，技术安全需求 TSR 必须分配至系统架构，作为技术安全方案（TSC）的重要组成部分，这样做的主要目的在于，通过将 TSR 及对应 ASIL 落实到架构中具体的软件或硬件组件中去，以此明确系统中不同组件在后续开发中所需要的所有安全需求及对应的最高 ASIL 等级，为后续软件和硬件的开发提供需求基础。

那具体如何确定一个组件的 ASIL 等级呢？

系统架构中的组件的 ASIL 等级源于分配到组件的 TSR 的 ASIL 等级，具体来讲，应该满足以下约束之一：

约束一：组件应该继承分配给它的所有 TSR 中的最高的 ASIL 等级，作为系统组件开发的 ASIL 等级。

约束二：如果一个组件由多个子部件构成，且分配给各子部件的 TSR 对应的 ASIL 等级（包括 QM）不同，则每个子部件应该按照以下两个原则之一进行开发：

- 所有子部件分别按照所有 TSR 中最高的 ASIL 等级（和约束一要求一致）。

- 如果各子部件能够采取相关的安全措施，满足要素共存或免于干扰原则，即 FFI（Freedom from Interference），则各子部件按各自 ASIL 等级开发。

如图 4.11 所示，这里需要注意免于干扰（FFI）和 ASIL 等级分解独立性原则（Independence）的区别：

- **FFI**：要避免在两个或者更多要素之间由于级联失效而导致的违反功能安全要求。

- **ASIL 等级分解独立性**：除保证无级联失效外，还需要保证无共因失效问题，所以独立性要求更为广泛，需要通过相关失效分析（Dependent Failure Analysis，DFA）证明，DFA 相关内容请见 9.2.2 小节相关内容。

其中，根据 ISO 26262-1：2018 的定义：

图 4.11 免于干扰（FFI）和 ASIL 等级分解独立性原则（Independence）的区别

所谓的共因失效，就是由单一特定事件或根本原因直接导致一个相关项中两个或多个要素的失效，该事件或根本原因可来自所有这些要素的内部或外部。

为什么 FFI 只要求避免级联失效，而 ASIL 分解独立性要求，除避免级联失效外，还要求避免共因失效呢？

简言之，二者需要解决的问题不同：

- FFI 旨在解决不同 ASIL 等级（包括 QM）要素共存的问题，需要对不同 ASIL 等级的组件进行有效隔离，防止低 ASIL 等级组件故障蔓延或影响到其他高 ASIL 等级组件，即防止串联型失效，这属于级联关系的失效。
- 共因失效，即共同外部因素错误导致的组件失效，可以简单理解为并联型失效。不管组件之间是否进行了隔离，只要有共同的外部错误输入，涉及的组件一定会出现故障，所以共因失效和 FFI 无关。
- ASIL 分解旨在保证原有安全性的前提下，将高 ASIL 等级需求分解成两个独立的低 ASIL 等级需求，一般这两个低 ASIL 等级需求会分配至两个不同组件，由此降低组件开发难度。

ASIL 等级分解要求的独立性，强调不一起发生故障，两个组件只有既不发生串联型失效，也不发生并联型失效的情况下，才可以保证不同时出现故障，具体的 ASIL 分解相关具体内容请见 9.2 节内容。

而 FFI 是软件功能安全开发的重要内容，多和基础软件开发相关，ISO 26262 定义了以下几种要素干扰的情况：

- 执行和时序（Timing & Execution）干扰。
- 内存（Memory）干扰。
- 信息交换（Exchange of Information）干扰。

这部分内容相对比较复杂，这个章节朋友们先了解这些概念和其产生的背景，具体的要素干扰情况及对应的安全机制，请见 6.3.4.1 小节内容。

第5章

汽车功能安全硬件阶段开发

在功能安全系统开发阶段，通过细化功能安全需求（FSR），可以得到技术层面可实施的技术安全需求（TSR），并将其分配至系统架构中的硬件（HW）和软件（SW）组件，接下来就需要根据硬件相关的 TSR 进行硬件功能安全相关的开发。

功能安全硬件开发属于 ISO 26262 第 5 部分内容，同样基于 V 开发模型，即始于需求开发，然后架构设计，详细实现，最后完成集成和验证。具体来讲，主要包括以下内容：

- 什么是硬件安全需求。
- 硬件安全设计。
- 硬件安全机制。
- 硬件架构度量及随机失效的评估。
- 硬件集成及验证。

正式聊之前，为便于理解，先说明以下几点内容：

✓ 功能安全研究范围为电子电气系统，即 E/E 系统，所以这里的硬件特指控制器硬件，包括控制器 I/O 接口、集成电路、控制器芯片等，非传统的机械硬件。

✓ 硬件同样存在系统性失效，即由于人为设计疏忽导致的失效，需要对设计过程进行相应的约束，包括开发流程、方法、测试验证等，以保证硬件安全。

✓ ISO 26262 中基于概率论的定量危害分析仅适用于硬件部分，因为只有硬件存在随机失效，并符合概率分布原理。

✓ 硬件开发和系统、软件开发一样，都基于 V 模型，但概率论定量分析区分于传统 V 模型开发流程，包括硬件架构度量和随机硬件失效的评估。

5.1 硬件安全需求（HWSR）

功能安全硬件开发始于需求，即硬件安全需求（Hardware Safety Requirement，HWSR），而 HWSR 源于分配至硬件组件的 TSR，是硬件相关的 TSR 在硬件层面的进一步细化。

HWSR 包括哪些内容呢？一般来讲：

硬件安全需求（HWSR）= 安全机制无关的硬件安全需求 + 硬件安全机制
安全机制无关的硬件安全需求包括：

- 硬件架构度量及随机硬件失效目标值要求，一般查表即可确定。

例如：SPFM、LFM、PMHF 等度量指标，这部分会在硬件架构度量及失效评估中阐述。

- 为避免特定行为的硬件安全要求。

例如：一个特定传感器不应有不稳定输出。

- 分配给硬件的预期功能要求。

例如：控制器必须能够外部 reset。

- 定义线束或插接件的设计措施的要求。

例如：线束或插接件最大电流需求。

硬件安全机制包括：

- 针对内部硬件要素（包括传感器、控制器和执行器）失效的安全机制。

例如：看门狗、比较器、双核锁步（Dual-Core Lockstep）、传感器及执行器诊断等。

- 针对外部相关要素失效的容忍能力的安全机制。

例如：ECU 的输入开路或者存在错误时，ECU 应具备的功能方面的表现。

- 针对内外部要素失效对应安全机制的响应特性需求。

例如：安全机制中定义的硬件元器件的故障响应时间要符合 ISO 26262：2018 - 4，6.4.2 中要求的故障容错时间间隔以及多点故障探测时间间隔。

怎么从 TSR 得到 HWSR 呢？

HWSR 属于由硬件相关的 TSR 细化得到硬件层面安全需求，只要在系统开发阶段有效识别出硬件相关的 TSR，HWSR 导出相对比较容易。

具体来说，根据硬件相关 TSR，对其进行安全分析或直接根据经验，分别针对组成 HWSR 的三个部分进行分析：

第5章 汽车功能安全硬件阶段开发

- 为避免硬件内部失效措施。
- 为避免外部相关失效对应的内部措施。
- 为避免硬件随机失效的概率度量要求。

将其作为 HWSR 即可，具体如图 5.1 所示。

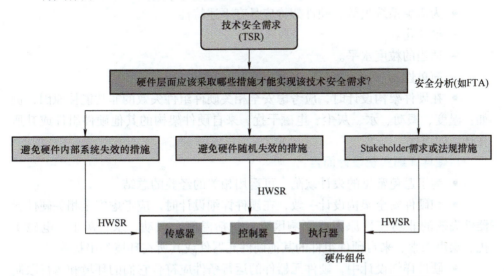

图 5.1 如何从技术安全需求（TSR）导出硬件安全需求（HWSR）

5.2 硬件安全设计

硬件安全设计主要包括两个方面：
- 硬件安全架构设计。
- 硬件安全详细设计。

硬件安全架构和详细设计均基于 HWSR，硬件安全架构的设计旨在描述硬件组件以及其相互关系，更重要的是将硬件架构相关的 HWSR，尤其是安全机制应用于硬件架构，为后续硬件详细设计提供基础。硬件安全机制是硬件安全设计最核心的内容，会在 5.3 节进一步阐述。

除此之外，ISO 26262：2018－5 第 7 部分还对硬件安全架构和详细实现设计提出了相关约束，主要包括：

对硬件安全架构设计而言：
- 硬件架构应能够承载 HWSR。
- HWSR 应该被分配至硬件架构中的组件。
- 和系统开发一致，不同或非 ASIL 等级硬件组件开发需满足以下原则之一：
- 按最高 ASIL 等级。
- 要素共存 FFI。
- 对硬件安全要求和实施之间的可追溯性。
- 为避免系统失效，硬件架构应具有下述特性：
- 模块化。
- 适当的粒度水平。
- 简单性。
- 在硬件架构设计时，应考虑安全相关硬件组件失效的非功能性原因，例如：温度、振动、水、灰尘、电磁干扰、来自硬件架构的其他硬件组件或其所在环境的串扰。

对硬件详细实现设计而言：
- 为了避免常见的设计缺陷，可运用相关的经验的总结。
- 和硬件安全架构设计一致，在硬件详细设计时，应考虑安全相关硬件元器件失效的非功能性原因或影响因素：包括温度、振动、水、灰尘、电磁干扰、噪声因素、来自硬件组件的其他硬件元器件或其所在环境的串扰等。
- 硬件详细设计中，硬件元器件的运行条件应符合它们的环境和运行限制规范。
- 应考虑鲁棒性设计原则。

5.3 硬件安全机制

硬件相关安全机制是 HWSR 最重要的组成部分，是硬件功能安全设计最重要的体现，也是功能安全 ISO 26262 中相对较难理解的内容之一。

ISO 26262：2018-5 附录 D 中列出了控制器硬件可能存在的故障、对应的安全措施及覆盖率，为后续硬件概率度量提供了基础，基本上涵盖了硬件通用的安全机制，强烈建议多看几遍。

一般来讲，一个 E/E 系统中硬件主要包括：传感器（D.9）、继电器/连接件（D.3）、数字输入/输出（D.5）、模拟输入/输出（D.5）、总线（D.6）、处理器（D.4）、时钟（D.8）、执行器（D.10），具体如图 5.2 所示。

这里首先区分两个容易混淆的概念：MCU、CPU 及其组成，以便于更好地理解上述 E/E 系统中的硬件组成部分。

- MCU：控制器（Microcontroller Unit，MCU）是整个电子电气系统最重要的组成单元之一，包括输入输出设备（I/O），即图 5.2 中 D.5 和 D.6，处理

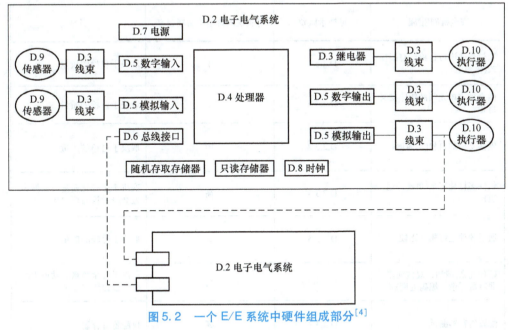

图 5.2 一个 E/E 系统中硬件组成部分[4]

器（Central Processing Unit，CPU），即图 5.2 中 D.4，以及存储器（Memory），即图 5.2 中的只读存储器（Read – only Memory，ROM），以及随机存取存储器（Random Access Memory，RAM）。

我们常说的内存属于内部 RAM，用于装载运算数据和程序以供 CPU 运行与运用，断电内容丢失，而 Flash 属于 ROM，非易失、可擦除的可编程存储器，用于存储程序指令和数据。

• 处理器（Central Processing Unit，CPU）：主要包括运算器（Arithmetic and Logic Unit，ALU）和控制器（Control Unit，CU），还有寄存器（Processing Register）等。其中，运算器负责算术运算（+、-、*、/基本运算和附加运算）和逻辑运算（包括移位、逻辑运算等），控制器负责调度运算器进行计算任务，寄存器会从内存中获取数据，负责暂存指令、数据和地址。

由于一个 E/E 系统中硬件组成内容过多，接下来以其中最重要的硬件之一，即处理器（D.4）为例，介绍处理器相关的硬件安全机制。

处理器（Central Processing Unit，CPU）是微控制器（Microcontroller Unit，MCU）的核心，它负责读取指令，对指令译码并执行指令的核心部件。ISO 26262：2018 – 5 附录 D 中，处理器相关的硬件安全机制及诊断覆盖率如图 5.3 所示。

CPU 主要由运算器、控制器、寄存器组成，所以针对处理器的安全机制也主要针对这三大部分。由于图 5.3 里的处理器相关安全机制分类存在一定重

安全机制/措施	见技术概览	可实现的典型诊断覆盖率	备注
通过软件进行自检：有限模式(单通道)	D.2.3.1	中	取决于自检的质量
两个独立单元间的软件交叉自检	D.2.3.3	中	取决于自检的质量
硬件支持的自检(单通道)	D.2.3.2	中	取决于自检的质量
软件多样化冗余(单硬件通道)	D.2.3.4	高	取决于多样化质量。共模失效会降低诊断覆盖率
通过软件进行相互比较	D.2.3.5	高	取决于比较的质量
硬件冗余(例如：双核锁步、非对称冗余、编码处理)	D.2.3.6	高	取决于冗余质量。共模失效会降低诊断覆盖率
配置寄存器测试	D.2.3.7	高	仅配置寄存器
堆栈上溢出/下溢出探测	D.2.3.8	低	仅堆栈边界测试
集成硬件一致性监控	D.2.3.9	高	仅覆盖非法硬件异常

图 5.3　处理器相关的硬件安全机制[4]

叠，且不是很好理解，个人将其进行总结分类如下：

- 自检。
- 硬件冗余。
- 看门狗。
- 程序流监控。

5.3.1　自检

根据自检方法，自检安全机制一般可以分为：

- 软件自检

对安全相关路径中使用到的指令，利用预先设置好或自动生成的数据或代码，对物理存储（例如数据和地址寄存器）或运算器及控制器（例如指令解码器），或者它们两者进行检测，并与预先存储结果进行比较。软件自检多适用于 ASIL B 要求的控制单元，自检成本也比较低。

- 硬件自检

在控制单元内部集成专用自检硬件，最常见的就是内建自测试（Built – In Self Test，BIST），通过在芯片设计中加入额外自测试电路，测试时从外部施加控制信号，运行内部自测试硬件和软件，检查电路缺陷或故障，是防止故障潜伏的重要安全机制，但需要事先集成到 CPU 内部，可靠性更高，但成本也高。

BIST 一般仅在处理单元初始化、下电时或周期性运行，所以不能覆盖瞬态故障，根据其自检时间一般可以分为：

– Online Self – test：在车辆起动时间限制内尽可能多地进行测试。

– Offline Self – test：车辆停机或诊断测试，最大的测试覆盖率，车辆断电时没有时间限制。

– Periodic Self – test：车辆在正常操作模式下，进行周期性的诊断测试。

而根据其自检的内容，BIST 又可以分为：

– MBIST（Memory Built – In Self Test）：对存储器（包括 RAM 或 ROM）进行读写测试操作，判断存储器是否存在制造缺陷，属于内存相关的安全机制。

– LBIST（Logic Built – In Self Test）：对芯片内逻辑电路进行自检，属于处理器相关安全机制。

其中，LBIST 是硬件自检非常重要的安全机制，其工作原理如图 5.4 所示。

具体来讲，首先利用测试生成器，生成测试向量，然后将测试向量输入被测试电路，最后 BIST 控制器将测试电路输出结果和预存的结果进行对比，一旦二者存在差异，则表明被测试电路存在故障。

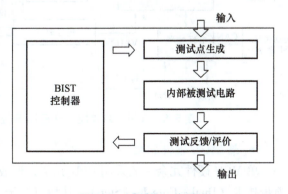

图 5.4　LBIST 工作原理

5.3.2　硬件冗余

硬件冗余是处理器或控制器最重要的安全机制之一，根据硬件冗余的形式，控制器硬件冗余一般可以分为以下两大类。

- 双（多）MCU 硬件冗余

使用两个相同或不同类型的 MCU，进行硬件冗余，二者相互独立，构成主、副功能链路，其中一个 MCU 负责具体功能的实现，另外一个 MCU 功能安全要求较高，负责功能安全需求实现，对二者输出结果进行相互比较并控制安全输出。

优点在于：物理复制安全相关和非安全相关的功能和特性，避免相关失效发生的可能性，鲁棒性高，可以实现 Fail to Operational 系统架构，当其中一个 MCU 失效后，另外一个 MCU 可以实现全部或部分功能，维持系统继续运行，多用于高级辅助和自动驾驶控制系统。

缺点在于：配置复杂，成本高，加上二者软件同步及 PCB 空间增加等因素，会带来较大的挑战和障碍。

示例：双控制单元 EPS 控制系统，如图 5.5 所示。

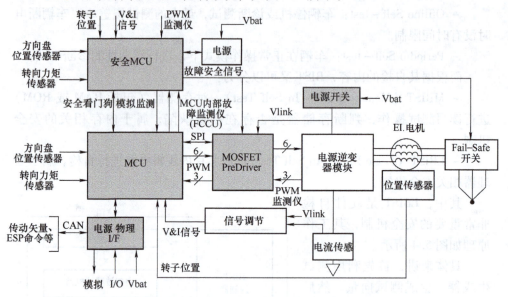

图 5.5　飞思卡尔双控制单元 EPS 控制系统工作原理[5]

- **单 MCU 硬件冗余**

单 MCU 硬件冗余一般采用 CPU 冗余，形成双（多）核 MCU，并采用双核锁步技术（Dual – Core LockStep），其特点在于：

双核：两个相同的核镜像，90°旋转，隔离设计，间距 100μm。

锁步：两个核运行相同程序并严格同步，一个输入延迟，另外一个输出延迟，延迟时间一般为 2~3 个时钟周期，计算结果利用比较逻辑模块进行比较，检测到任何不一致时，就会发现其中一个核存在故障，但无法确定是哪个核发生故障。

双核锁步是一种综合性的硬件安全机制，可以有效覆盖 CPU 执行指令、设计电路等相关失效，具体如图 5.6 所示。

第5章 汽车功能安全硬件阶段开发

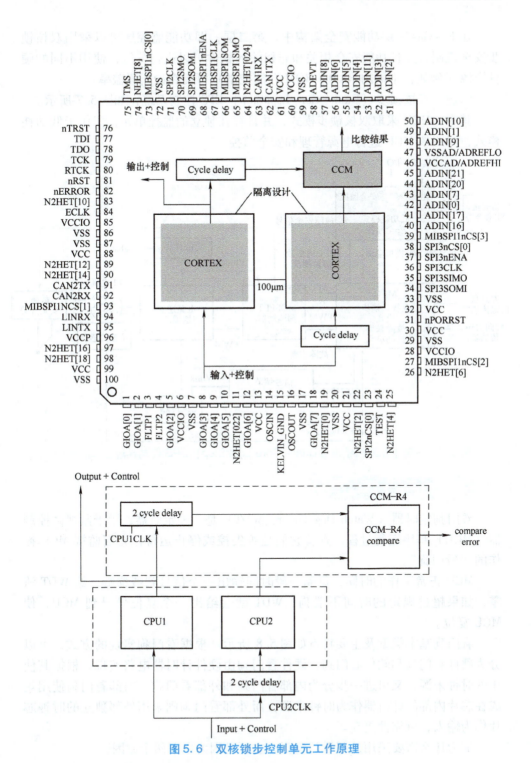

图 5.6 双核锁步控制单元工作原理

在 E-Gas 三层功能安全架构中，第二层，即功能监控层可以采用双核锁步安全机制，并且功能安全相关和非相关的软件可以进行分区，使用不同的硬件资源（例如，不同的 RAM、ROM 存储控制）可提高诊断覆盖率。

示例：双核锁步（Dual-Core LookStep）EPS 控制系统，如图 5.7 所示。

其中，MCU 采取双核锁步模式，并且存在独立的监控单元，工作于低功耗模式，对双核 MCU 进行电源管理和安全监控。

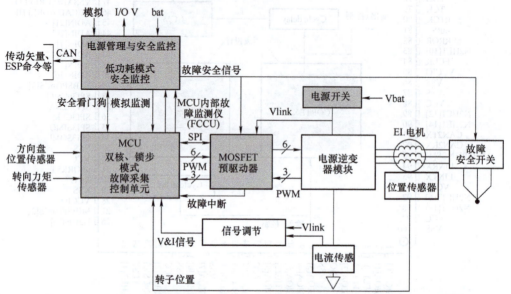

图 5.7　飞思卡尔双核锁步（Dual-Core LookStep）EPS 控制系统工作原理[5]

5.3.3　看门狗

看门狗定时器（Watch Dog Timer，WDT）是一种定时器，用于监视微控制器（MCU）程序运行过程，查看它们是否失控或停止运行，充当监视 MCU 操作的"看门狗"。

MCU 正常工作的时候，每隔一段时间输出一个信号到喂狗端，给 WDT 清零，如果超过规定的时间不喂狗，WDT 就会给出一个复位信号到 MCU，使 MCU 复位。

看门狗基本类型及主要特点如图 5.8 所示。根据看门狗实现的方式，可以分为硬件看门狗和软件看门狗，硬件看门狗由硬件计时器电路实现，根据其使用的时钟来源，又可进一步分为内部看门狗和外部看门狗，内部看门狗使用集成在芯片内部的计时器作为时钟来源，而外部看门狗则采用外部独立的时钟芯片作为输入，可靠性更高。

那为什么需要采用外部看门狗呢，主要是因为以下两个原因：

- 内部看门狗时钟信号存在相关失效的问题，一旦芯片本身发生失效，很可能导致芯片内部的计时电路或相关寄存器出现相关失效的问题，导致看门狗错误。
- 在 MCU 启动前和关闭后，即操作系统 OS 非工作期间，内部看门狗无法运行，其监控存在盲区，在此期间的监控任务需要靠外部看门狗完成。

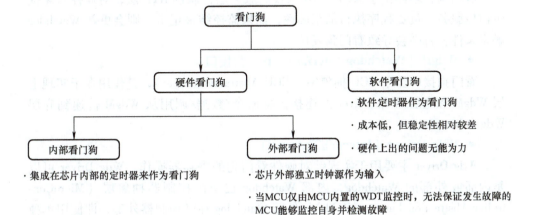

图 5.8　看门狗基本类型及主要特点

对于功能安全而言，主要采用硬件型的看门狗作为安全机制。根据其实现的复杂度，可以工作于不同的模式：

- 计时模式（Time out Mode）。
- 时间窗模式（Window Mode）。
- 问答模式（Q&A Mode）。

从上往下，其可靠度和复杂度依次上升，可以拓展实现程序流监控，具体见 5.3.4 小节内容。

除此之外，还必须注意以下几点：

✓ 看门狗必须在系统初始化中进行测试，避免看门狗自身故障。

✓ 看门狗输入为喂狗（kicking the dog/service the dog），必须在特定的时间或时间窗内喂狗，否则会触发相应 Reset，引起功能降级。

5.3.4　程序流监控

所谓的程序流是控制器内部程序运行的顺序和流程。程序流监控实现的本质是看门狗的应用拓展，用于检查程序是否按照预期的执行顺序及在预期的时间周期内执行。如果监控实体以不正确的顺序执行，或在规定的截止时间或时间窗内没有被执行，则意味着出现了不正确的程序流。

具体应用过程中，可以在功能安全相关的一个或多个监测实体中按照程序预期执行顺序设置一个或多个Checkpoint，如果在特定的时间限制内，Checkpoint没有被依次执行，则会触发相应的复位或错误处理机制。

以AUTOSAR程序监控应用为例，它提供了不同的监控模块，主要包括：

- **WdgM（Watchdog Manager，看门狗管理器）**

看门狗管理器位于AUTOSAR堆栈的服务层，靠近RTE层，对监控对象提供监控服务，负责程序执行的正确性，如果监控结果正常，则会更新Watchdog触发条件，否则会导致看门狗复位。

- **WdgIf（Watchdog Interface，看门狗接口）**

看门狗接口位于ECU抽象层（ECU Abstraction Layer），其作用在于实现上层WdgM和底层Wdg Driver的连接，将命令/数据/调用从WdgM传递到底层Wdg Driver。

- **Wdg Driver（Internal/External）**

Wdg Driver主要用于实现针对硬件看门狗的寄存器操作。Wdg Driver可以是内部或外部的Watchdog，内部Watchdog位于微控制器抽象层（MicroController Abstraction Layer，MCAL），外部Watchdog在微控制器外部，即使用单独的芯片看门狗（SBC），可以通过GPIO（General Purpose Input Output）、IIC（Inter-Integrated Circuit）或SPI（Serial Peripheral Interface）通信方式喂狗。

如图5.9所示，WdgM监控并管理整个监控逻辑，在需要监控的SWC（功能安全相关和无关）或者ComplexDrivers中按照需要监控的顺序设置对应的Checkpoint，然后周期性地触发WdgM的服务，从而对其程序流监控，而在监控出现时间的偏差则会触发Wdg Driver（可以是内部或外部Watchdog）触发对应的Reaction。

需要注意的是：

✓ 在ISO 26262：2018-5 附录D中，根据工作原理，将看门狗和程序流监控这部分安全机制归为时钟（D.8）故障的安全机制，但它们还是主要应用于处理器（D.4），所以本书将其归类到处理器相关的硬件安全机制。

✓ 实际应用中，程序流监控一般直接包含于看门狗安全机制，例如AUTOSAR中看门狗管理器WdgM，可以实现周期性、非周期性以及逻辑监控。

✓ 硬件相关安全机制很多并不是单独存在的，例如，看门狗安全机制可以和其他硬件安全机制相互结合使用，利用看门狗问答模式（Q&A mode）可以将程序流监控和功能安全相关的CPU指令测试安全机制相结合，对监控单元提出的问题各自提供部分答案，实现对功能安全控制硬件的有效监控。

第5章 汽车功能安全硬件阶段开发

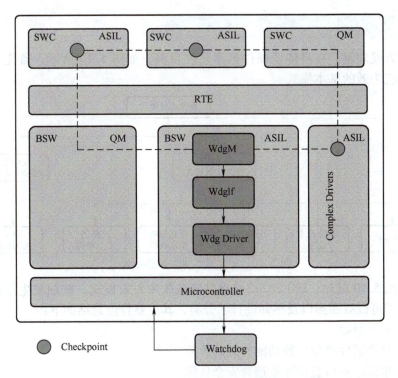

图 5.9　AUTOSAR 程序监控示意

5.4　硬件安全概率化度量

在硬件安全开发阶段，由于硬件随机失效的存在，除按照传统 V 模型，对硬件相关的安全需求、安全架构及实现等进行开发外，还需对硬件随机失效进行概率化度量，包括对硬件架构的度量和硬件随机失效的评估这两大方面，它们二者从不同的角度通过概率化分析手段，确保硬件安全机制对系统单独类型和整体随机硬件失效的有效性及违背安全目标的残余风险足够低。

针对硬件安全概率化度量，主要阐述以下内容：
- 硬件随机故障基本类型。
- 硬件随机失效率。
- 硬件架构的度量。
- 硬件随机失效的评估。
- FMEDA 计算。

5.4.1 硬件随机故障基本类型

为方便理解，在具体谈硬件概率化度量前，如图 5.10 所示，首先来看看硬件随机失效的基本模式。

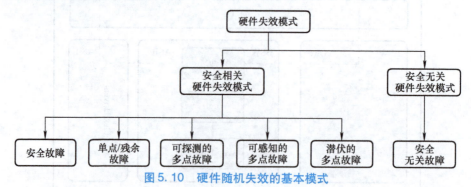

图 5.10　硬件随机失效的基本模式

由图 5.10 可知，ISO 26262 将硬件随机故障失效模式，按照发生故障的数目、是否可以被探测以及感知进行了分类，其主要特点总结如下：

- 单点故障
  - 某个器件单独导致功能失效的故障。
  - 单点故障可直接导致违背安全目标。
  - 单点故障意味着没有任何安全机制，否则不能归类为单点故障。
- 残余故障
  - 安全机制无法覆盖的那部分故障（没有 100% 覆盖率的安全机制，如果一个安全机制覆盖率为 90%，那剩余的 10% 则属于残余故障）。
  - 残余故障可直接导致违背安全目标。
  - 残余故障至少存在一个安全机制。
  - 本质上为单点失效，所以需要在单点失效度量计算中考虑。
- 潜伏故障
  - 既不被安全机制所探测，又不被驾驶员感知的故障。
  - 系统保持正常工作至所有独立故障发生。
  - 潜伏故障可直接导致违背安全目标。
- 可探测的故障
  - 通过安全机制可探测到的那部分故障。
  - 通过安全机制探测到故障并进行显示。
- 可感知的故障
  - 可以被驾驶员感知的故障。
  - 可以有或者无安全机制进行探测。

- **双点故障**
 – 两个独立的故障同时发生才会违背安全目标,则这两个独立的故障属于双点故障。
 – 某故障和其对应的安全机制失效属于常见的双点故障。
 – 双点故障又可以细分为可探测的双点故障、可感知的双点故障以及潜伏的双点故障。
- **安全故障**
 – 不会导致违背安全目标的故障,例如,某指示灯显示故障,但不影响其他正常功能。
 – 三点及以上的故障通常也被认为是安全故障(一般发生概率较低且所对应的安全机制过于复杂,所以被归类为安全故障)。

更多详细介绍可以直接参考 ISO 26262:2018-10 第 8 部分。

5.4.2 硬件随机失效率

为了对硬件随机失效进行量化,引入了硬件随机失效率 λ,其定义为:

失效率是指元器件在单位时间内发生失效的概率,记为 λ,一般以小时(h)作为时间计量单位,所以其单位为:次/h。

考虑到电子元器件失效率极低,所以一般采用 FIT(Failures In Time)来计量,1 FIT = 1 次失效/10^9h,例如,某电阻失效率 λ = 2 FIT,即该电阻在 10^9h 内会出现两次失效。

不知道朋友们有没有想过,既然电子元器件的失效和自身老化相关,那它的失效率为什么是常数,而不是随时间变化的函数?

为了回答这个问题,我们先来看看电子元器件的生命周期特性。电子元器件的生命周期非常符合浴盆曲线(Bathtub Curve),如图 5.11 所示。

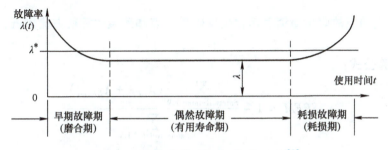

图 5.11 浴盆曲线(Bathtub Curve)[6]

由图可知,电子元器件整个生命周期大致可以分为三个阶段:
- **第一阶段**:早期故障期,即磨合期,该阶段故障多属于系统性故障,和设计、制造相关,故障率相对较高。
- 第二阶段:偶然故障期,即有用寿命期,该阶段是电子元器件正常使用周期,持续时间长,失效率低且较稳定,无法通过设计消除,属于随机硬件故障,ISO 26262 中硬件量化指标主要是针对该阶段失效率的评估,因此,在 ISO 26262 中查到的是恒定值,而不是一个时间函数。
- 第三阶段:耗损故障期,即耗损期,随着电子元器件使用寿命到期,故障率随之上升。

那么怎么获取电子元器件的失效率呢?一般来讲可以通过以下三种方式获得:
- **历史数据**:根据已有或相似产品,预估新产品的失效率,但全新的产品没有历史数据可参考。
- **测试**:属于最真实和最准确的数据来源,但测试周期长、成本高。
- **行业公认的标准**:根据 SN29500、IEC 62380 等行业公认的标准和指南中提供的可靠性预估算法计算。

5.4.3 硬件架构的度量

硬件架构的度量,用于评估相关项架构应对单独类型的随机硬件失效的有效性。由于硬件随机故障中,单点故障、残余故障和潜伏故障会直接导致安全目标的违背或对安全目标的实现有显著影响,所以硬件架构概率度量主要针对单点和潜伏这两个方面故障类型,具体包含以下内容。

5.4.3.1 单点故障度量(Single–Point Fault Metric,SPFM)

单点故障度量(SPFM)存在的意义在于:
- 单点故障度量表征硬件安全机制或设计对单点和残余故障的覆盖是否足够。
- 高单点故障度量值表示相关项硬件单点和残余故障所占比例低,系统可靠性高。

计算公式:

$$SPFM = 1 - \frac{\sum_{\text{Safety Related HW}} (\lambda_{SPF} + \lambda_{RF,est})}{\sum_{\text{Safety Related HW}} \lambda}$$

$$\lambda_{RF,est} = \lambda \times \left(1 - \frac{K_{DC,RF}}{100}\right)$$

即:SPFM = 1 −(单点故障总和 + 残余故障总和)/(所有和安全相关失效率总和)

式中,λ_{SPF} 为单点故障失效率;$\lambda_{RF,est}$ 为估算的残余故障的失效率;$K_{DC,RF}$ 为残

余故障的诊断覆盖率。

5.4.3.2 潜伏故障度量（Latent – Fault Metric，LFM）

潜伏故障度量（LFM）存在的意义在于：
- 潜伏故障度量反映硬件安全机制和设计对潜伏故障的覆盖是否足够。
- 高潜伏故障度量值表示硬件潜伏故障所占比例低，系统可靠性高。

计算公式：

$$LFM = 1 - \frac{\sum_{\text{Safety Related HW}} \lambda_{MPF,L,est}}{\sum_{\text{Safety Related HW}} (\lambda - \lambda_{SPF} - \lambda_{RF})}$$

$$\lambda_{MPF,L,est} = \lambda \times \left(1 - \frac{K_{DC,MPF,L}}{100}\right)$$

即：LFM = 1 −（所有潜伏故障总和）/（所有和安全相关失效率总和 − 单点故障总和 − 残余故障总和）

式中，$\lambda_{MPF,L,est}$ 为估算的潜伏故障的失效率；$K_{DC,MPF,L}$ 为潜伏故障的诊断覆盖率。

由于 $\lambda = \lambda_{SPF} + \lambda_{RF} + \lambda_{MPF} + \lambda_{S}$，所以潜伏故障多为双点或多点故障（MPF）。

此外，硬件架构度量作用于相关项的整体硬件，应符合规定的硬件架构度量的目标值：

针对 ASIL（B）、C 或 D 的安全目标，对于每一个安全目标，"单点故障度量"的定量目标值应基于表5.1所示参考目标值来源之一。

表5.1 "单点故障度量"的定量目标值可能参考来源[4]

架构度量	ASIL B	ASIL C	ASIL D
单点故障度量（SPFM）	≥90%	≥97%	≥99%

针对 ASIL（B）、(C) 或 D 的安全目标，对于每一个安全目标，"潜伏故障度量"的定量目标值应基于表5.2所示参考目标值来源之一。

表5.2 "潜伏故障度量"的定量目标值可能参考来源[4]

架构度量	ASIL B	ASIL C	ASIL D
潜伏故障度量（LFM）	≥60%	≥80%	≥90%

需要注意的是：
✓ 硬件架构的度量是针对整个安全目标，也就是相关项的整体硬件，非一个单独的硬件部件，需要考虑和该安全目标所有安全相关硬件组件的失效率，进行综合计算。

✓ 度量指标，即 SPFM 和 LFM，均属于相对值，即百分比（%）。

5.4.4 硬件随机失效的评估

硬件随机失效的评估旨在从硬件整体设计的角度，即综合考虑不同类型硬件随机失效，确保硬件系统安全机制和设计的有效性，ISO 26262 对这一评估推荐了两个方法：

- **方法一**：使用概率的绝对值的度量，即随机硬件失效概率度量（Probabilistic Metric for random Hardware Failures，PMHF），通过使用定量分析方法计算 PMHF，其结果与目标值相比较的方法，评估是否违背所考虑的安全目标。
- **方法二**：独立评估每个单点和残余故障及每个双点故障是否导致违背所考虑的安全目标。

实际应用中，一般在都采用第一种方法，即 PMHF。很有朋友对 PMHF 计算公式存在误解，在 ISO 26262-10：2018，第 8.3 章节增加了有关 PMHF 计算的进一步解释。

一般来讲，PMHF 通用化计算公式如下：

$$PMHF = \sum \lambda_{SPF} + \sum \lambda_{RF} + \sum \lambda_{DPF\_det} \times \lambda_{DPF\_latent} \times T_{Lifetime}$$

式中，λ_{SPF} 为单点故障的失效率；λ_{RF} 为残余故障的失效率；λ_{DPF_det} 为双点故障的可探测失效率；λ_{DPF_latent} 为双点故障的潜伏失效率；$T_{Lifetime}$ 为车辆生命周期。

需要注意的是：

✓ PMHF 表示在汽车运行周期中每小时平均失效概率，包括了对单点失效、残余失效、可探测的以及残余的双点失效的综合量化衡量。

✓ PMHF 单位为 FIT，属于失效率绝对值度量，而硬件架构度量指标 SPFM、LFM 单位为%，属于相对值度量。

✓ 除基本硬件随机基本故障的失效率以外，PMHF 还需要考虑车辆生命周期（$T_{Lifetime}$）。

✓ 对于双点故障（A，B），最常见的组合是功能故障 A 和对应的安全机制 B，当故障 A 发生且不被安全机制 B 探测，并不会立刻违背安全目标；但如果安全机制 B 也发生故障，将违背安全目标。

很多朋友不理解为什么双点故障失效率计算是 λ_{DPF_det}、λ_{DPF_latent}、$T_{Lifetime}$ 这三个因素的乘积？

其实该公式已经属于简化后的计算公式，在 ISO 26262：2018-10 对典型的双点故障不同的失效模式进行了分析，一共包含了 4 种模式，功能发生故障 A 且对应的安全机制 B 潜伏这种模式下，双点故障会在整个车辆生命周期永久潜伏，影响最大，因此故障 A 和故障 B 组合违背安全目标的每小时平均失效概

率为 λ_{DPF_det}，λ_{DPF_latent}，$T_{Lifetime}$ 这三个因素的乘积，双点故障失效计算因此也简化为该模式下的失效率，具体见 ISO 26262-10：2018。

如果这部分数值较小，则可忽略，这也是为什么在很多计算中没有考虑这部分的原因。

此外，虽然失效率 λ 和 PMHF 单位均为 FIT，属于绝对值度量，但二者意义完全不同，主要体现在以下几点：

- 针对级别不同
  - 失效率：单个硬件组件。
  - PMHF：安全目标或整个相关项硬件。
- 代表意义不同
  - 失效率：表示单位时间内单个硬件组件或零部件发生故障的次数或概率。
  - PMHF：用于衡量整个硬件安全设计是否足够有效。具体来讲就是，相对于指定的 ASIL 等级要求，由于相关项的随机硬件故障而导致的安全目标被破坏的风险是否足够低。PMHF 并不表示某个随机硬件故障发生的频率，即便一个硬件组件的故障率很高，但由于良好的硬件架构设计，包括安全机制，整体的 PMHF 也可能较低。

此外，随机硬件失效度量取决于相关项整体硬件，需要分析计算不同安全目标对应的 PMHF 值，并且符合规定的随机硬件失效率度量目标值：针对 ASIL（B）、C 或 D 的安全目标，必须为随机硬件失效导致违背每个安全目标的最大可能性定义定量目标值，其使用来源包括以下 a）、b）或 c）：

a）来自表 5.3。
b）来自值得信赖的相似设计原则的现场数据。
c）来自应用于值得信赖的相似设计原则中的定量分析技术。

表 5.3 PMHF 架构定量目标值可能参考来源[4]

ASIL	硬件随机失效目标值
D	$<10^{-8}h^{-1}$（10 FIT）
C	$<10^{-7}h^{-1}$（100 FIT）
B	$<10^{-7}h^{-1}$（100 FIT）

此处需要注意的是：

✓ 和硬件随机失效率度量 SPFM、LFM 一样，PMHF 的计算也是针对安全目标而言，即相关项所有硬件整体。

✓ 表 5.3 提供的 PMHF 定量目标值只是一种可能性，并不是唯一的依据。

✓ 这些来源于 a）、b）或 c）的定量目标值没有绝对的意义，可以将一个新的设计与已有设计进行比较，其目的是生成硬件可靠性设计指导，并获得设计符合安全目标的可用证据。

✓ 如果没有其他来源可以确定随机硬件故障失效目标值，通常会选择表5.3提供的目标数据。

5.4.5　FMEDA 计算

在5.4.2以及5.4.3小节，详细介绍了随机硬件失效特有的硬件概率化度量基本背景知识以及计算公式，那么我们应该如何计算这些量化指标呢？

答案就是 **FMEDA + FTA**。

本小节只对 FMEDA 本身以及它如何结合 FTA 对硬件随机失效概率化度量计算进行重点阐述，而 FTA 安全分析方法具体见9.4.4小节内容。

FMEDA（Failure Modes Effects and Diagnostic Analysis）是一种评估系统安全架构和实施的强大方法，多用于硬件级别的定量安全分析。

如何通过 FMEDA + FTA 对硬件随机失效概率化度量指标进行计算呢？

具体步骤如下：

• 首先，考虑到硬件概率化度量只对 ASIL（B）、C 或 D 等级的安全目标有指标性要求，一般会针对 ASIL（B）、C 或 D 的安全目标（SG），根据系统级别定性 FTA 故障树中的基本（底层）事件，识别出违反整车相应功能安全目标（SG）的硬件失效，将其作为该硬件 FMEDA 的输入。

• 其次，通过 FMEDA 过程，考虑和安全相关的底层电子元器件的失效率、故障模式、是否存在相应的安全机制，以及安全机制的诊断覆盖率，以此构建出硬件顶层失效和组成该硬件的各底层电子元器件的失效网络，并对硬件组件顶层失效的不同类型的失效率（单点/残余失效，双点潜伏失效等）进行计算。

• 再次，将硬件组件的顶层失效的失效率作为定量 FTA 相应基本事件的失效率输入，利用 FTA 中不同树形逻辑计算针对安全目标（SG）的整体硬件失效率。

• 最后，利用5.4.2以及5.4.3小节中概率化度量指标计算公式，计算得到针对安全目标的概率化度量指标（SPFM、LFM、PMHF）。

这个便是通过将 FMEDA + FTA 进行组合对硬件概率化度量计算的过程，具体如图5.12所示。

所以需要注意的是：

✓ FMEDA 只是针对硬件组件本身的失效率计算，属于硬件组件层面，非系统层面。

✓ 在硬件层面的失效类型（如单点失效）在系统层面可能会由于系统层面的功能逻辑发生改变（例如，和其他硬件组件失效组合形成双点失效），所以系统层面的针对安全目标（SG）的硬件失效率还是需要通过 FTA 进行计算。

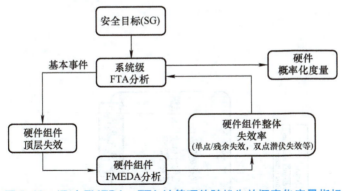

图 5.12　通过 FMEDA + FTA 计算硬件随机失效概率化度量指标

✓ FMEDA 计算过程中并不涉及硬件安全需求及 ASIL 等级相关的内容，只是单纯计算针对某个硬件组件的不同类型的失效率。

5.4.5.1　FMEDA 步骤

和 FMEA 定性分析不同，FMEDA 在 FMEA 自下而上的方法论基础上，增加了对故障模式失效率（Failure Rate）、故障模式占比（Failure Mode Distribution）和对应的安全机制诊断覆盖率（Diagnostic Coverage）相关的计算内容，对 FMEA 进行扩展从而可以完成对硬件组件失效率的定量分析，也是计算硬件概率化度量指标的有效手段，其具体流程如图 5.13 所示。

具体而言，包括以下几个步骤：

步骤 1：计算失效率

首先，需要根据系统硬件架构，罗列组成该硬件组件的所有底层电子元器件，为了方便分析和计算，可以对底层电子元器件按照类型进行分组。

其次，根据行业公认的标准（SN29500、IEC 62380）、历史或测试数据，查询各电子元器件失效模式以及对应的失效率分布。此过程可以采用手动模式，或者利用相关软件，输入电子元器件名称，进行自动化查询及计算。

如表 5.4 所示，以控制器硬件 ALU 算术逻辑单元为例：
- 它的失效率 $\lambda = 0.348$ FIT，即该电阻在 10^9 h 内平均存在 0.348 次失效。
- 它存在三种失效模式：FM1、FM2、FM3。
- 三种失效模式对应的失效分布比例：FM1——>25%，FM2——>25%，FM3——>50%。

步骤 2：识别故障模式

对步骤 1 中列出的硬件单元逐一进行安全分析，根据故障分析流程图（图 5.14），确定其故障模式是否和功能安全相关（是否会导致硬件顶层故障）以及故障类型。

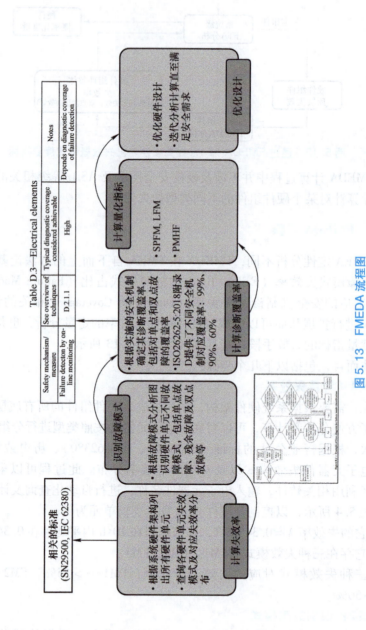

图 5.13 FMEDA 流程图

表 5.4　ALU 硬件随机失效模式分布及失效率

组件	失效率	失效模式	失效分布
ALU	0.348 FIT	FM1	25%
		FM2	25%
		FM3	50%

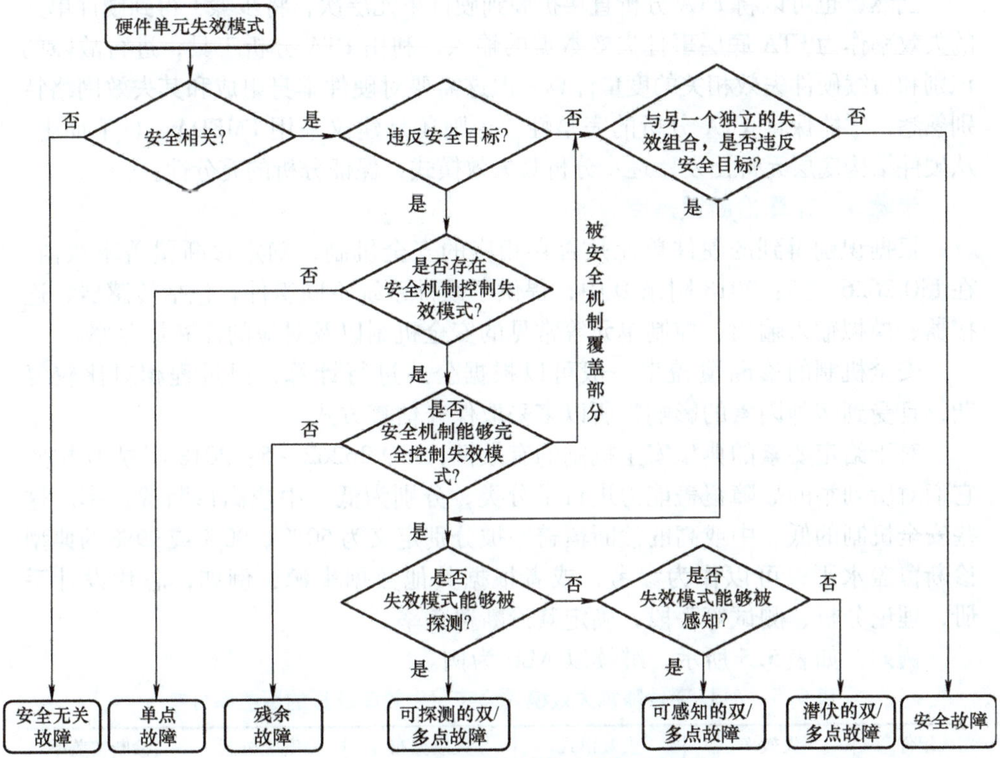

图 5.14　硬件随机故障模式判断流程图

其中，

- 如果和功能安全无关，则为安全无关的安全故障。
- 如果和功能安全相关，则需要进一步分析是否存在相应的安全机制，确定其故障的类型，包括单点故障、残余故障及双点故障等。
- 由于复杂性和发生概率低，和功能安全相关的三点及以上的故障也属于安全故障。

不是所有硬件单元的故障都会导致安全目标的违背，为了方便有效地识别和功能安全相关的故障以及故障类型，需要判断每个硬件单元的各失效模式是否会导致硬件顶层失效的发生。

对于比较复杂的硬件组件，例如，整车控制单元，也可对硬件组成本身进行 FTA 安全分析，对其顶层失效事件进行自上而下的安全分析，识别出导致顶层失效的底层电子元器件的失效，根据不同底层事件和顶层失效之间的关系，例如，故障树中的逻辑符号，"与门"和"或门"等，就可以识别出不同的故障类型。

例如，对 FTA 故障树进行最小割集分析，级数为 1 的最小割集对应的底层事件就是单点故障，级数为 2 则为双点故障等。

当然，也可以将 FTA 分析直接扩展到硬件单元层次，将步骤 1 得到硬件单元的失效率作为 FTA 底层事件失效数据的输入，利用 FTA 分析工具，进行故障的识别和后续硬件失效相关的度量计算，但这需要对硬件本身组成和其失效网络特别熟悉，才能保证 FTA 分析的完整性，否则还是建议采用 FMEDA，自下而上，从硬件结构底层元件出发，逐步分析其失效模式，保证分析的充分性。

步骤 3：计算诊断覆盖率

根据识别得到的硬件单元是否存相应的安全机制，确定诊断覆盖率数值。在 ISO 26262-5：2018 附录 D 中，提供了硬件系统不同组件，包括传感器、连接器、模拟输入输出、控制单元等常见的安全机制以及对应的诊断覆盖率。

安全机制的诊断覆盖率一般可以根据公式进行计算，但过程相对比较复杂，且受到多种因素的影响，所以多采取保守估算方式。

对于给定要素的典型安全机制的有效性，ISO 26262-5：2018 附录 D 按照它们对所列举的故障覆盖能力进行了分类，分别为低、中或高诊断覆盖率。这些安全机制的低、中或高的诊断覆盖率被分别定义为 60%、90% 或 99% 的典型诊断覆盖水平，可以作为参考，或者根据其他数据来源，例如，芯片设计手册、理论分析、测试等手段，确定其诊断覆盖率。

例如，如表 5.5 所示，继续以 ALU 为例。

表 5.5 ALU 硬件随机失效模式分布，失效率及真的覆盖率分布

组件	失效率	失效模式	失效分布	安全机制	诊断覆盖率
ALU	0.348 FIT	FM1	25%	—	—
				SM1	90%
		FM2	25%	SM2	60%
		FM3	50%	—	—

其中，针对故障模式 FM2 和 FM3，在硬件设计中存在相应的安全机制 SM1 和 SM2，其对应的诊断覆盖率分别为 90% 和 60%。以此方式，查阅所有硬件单元失效模式的安全机制及其诊断覆盖率。

根据识别出的失效类型、安全机制及其诊断覆盖率，即可分别计算出每个硬件单元对应的失效率，包括：

- 单点/残余失效率为 $\lambda_{SPF/RF}$。
- 双点潜伏故障失效率为 λ_{DPF_latent}。
- 双（多）点故障的可探测失效率为 λ_{DPF_det}。

对底层所有硬件单元的上述失效率进行求和汇总，得到硬件组件顶层不同

类型失效模式对应的失效率，至此 FMEDA 大部分内容已经完成。

步骤 4：计算量化指标

根据不同硬件组件的顶层失效的失效率计算结果，将其分别输入到 FTA 底层基本事件，就可以计算在系统层面针对安全目标（SG）的硬件失效率，然后再利用硬件概率化度量指标计算公式，计算相应的随机硬件失效率 SPFM、LFM，以及随机硬件失效评估 PMHF，具体计算公式见 5.4.3 及 5.4.4 小节，在此不再赘述。

步骤 5：优化设计

根据步骤 4 计算结果，对硬件设计可靠性进行综合评估，判定是否满足指定的 ASIL 等级要求，如果满足则分析结束，否则需要根据计算结果，优化硬件设计，增加新的安全机制或者采用更高诊断覆盖率的安全机制，然后再次进行计算，直至满足安全需求为止。

5.4.5.2　FMEDA 计算实例

虽然在 ISO 26262：2018－5[4]附录中已经添加了有关硬件架构度量和随机失效率评估的实例，但由于其过程介绍相对简单，导致很多朋友仍然搞不清楚其计算过程，接下来以其中一个实例为例，介绍如何利用 FMEDA 进行硬件概率化度量指标的计算过程。

图 5.15 为某 ECU 硬件设计图，针对其安全目标："当速度超过 10km/h 时

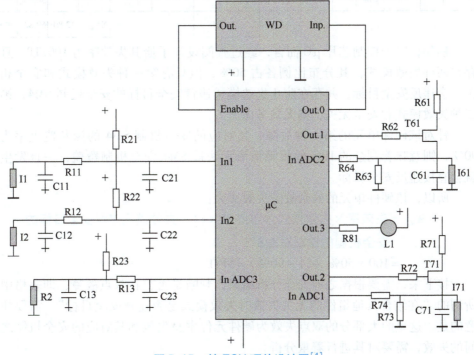

图 5.15　某 ECU 硬件设计图[4]

关闭阀1的时间不得长于20ms",安全目标被分配的 ASIL 等级为 C,安全状态为:阀1打开(I61 控制阀1)。

针对该安全目标,罗列所有硬件组件单元,见表5.6,根据 FMEDA 步骤 1~4,分别查询硬件组件失效率、失效模式及分布比例,并计算相应的硬件度量指标。

表5.6 FMEDA 硬件架构度量及随机失效评估计算

组件名	失效率/FIT	在计算中是否考虑安全相关组件?	失效模式	失效模式分布	在缺少安全机制时失效模式是否有可能违背安全目标?	是否有防止失效模式违背安全目标的安全机制?	考虑到违背安全目标的失效模式覆盖率	残余或单点故障失效率/FIT	在结合其他组件的无关失效时失效模式是否会违背安全目标?	探测方法?是否有防止失效模式成为潜伏的安全机制?	考虑到潜伏失效的失效模式覆盖率	潜伏多点故障失效率/FIT	DPF_det	PMHF(%)
R11 注1,注6 和注7	2	是	开路	90%	X	SM2	99%	0.018	X	SM2	100%	0	1.782	0.3%
			短路	10%	X		99%	0.002	X		100%	0	0.198	0.0%
⋮							⋮							
μC	100	是	全部	50%	X	SM4	90%	5	X	SM4	100%	0	45	91.1%
			全部	50%								0		0.0%
						Σ		5.48			Σ		12.80	69.822	99.8%

例如,对于控制芯片 μC 而言,经过查阅设计手册其失效率为100FIT,且存在两种失效模式,其分布比例各占50%,但只有第一种失效模式和安全相关,会违反安全目标,并存在防止失效模式违背安全目标的安全机制 SM4,第二种失效模式和安全无关,则无须考虑。

针对该硬件单元的第一种故障,其对应的安全机制 SM4 的诊断覆盖率为90%,则意味着剩余的10%的故障情形无法被 SM4 安全机制覆盖,一旦发生就会直接违反安全目标。

所以,该硬件单元的残余故障失效率为:

λ_{RF} = 失效率 × 失效模式分布概率 × (1 − 失效模式违背安全目标的安全机制的诊断覆盖率)

= 100 × 50% × (1 − 90%) = 5FIT

接下来,需要根据之前安全分析结果,判断是否存在双点故障,即表格中所谓的"在结合其他组件的无关失效时失效模式是否违背安全目标"。需要注意的是,这里的大部分的双点失效为硬件元件本身失效和其对应的安全机制之间的失效,需要对其进行着重分析。

对于该硬件单元，存在双点失效，但安全机制 SM4 还能够对该双点故障进行探测，防止其成为潜伏故障，其诊断覆盖率为 100%，那么意味着该硬件单元的双点潜伏故障失效率为：

λ_{DPF_latent} =（失效率 × 失效模式分布概率 − 残余故障失效率 λ_{RF}）×
（1 − 防止双点失效的安全机制的诊断覆盖率）

= (100 × 50% − 5) × (1 − 100%) = 0FIT

除单点故障、残余故障及双（多）点潜伏故障，剩余的则是可探测双点潜伏故障，则硬件组件的双（多）点故障的可探测失效率为：

λ_{DPF_det} = 失效率 × 失效模式分布概率 − 残余故障失效率 λ_{RF} −
双点潜伏故障失效率 λ_{DPF_latent}

= 100 × 50% − λ_{RF} − λ_{DPF_det} = 50 − 5 − 0 = 45FIT

需要特别注意的是，以上 λ_{RF}、λ_{DPF_latent}、λ_{DPF_det} 的计算公式非概率化度量指标计算公式，只是针对特定的硬件单元，计算该硬件单元的不同类型的失效率。

依此计算列表中所有硬件单元的相关故障失效率，并进行求和汇总，见表 5.7。

表 5.7　FMEDA 不同故障模式失效率计算结果

ECU 故障失效率	数值
单点或残余故障总和	$\sum \lambda_{SPF} + \sum \lambda_{RF}$ = 5.48FIT
双（多）点故障潜伏失效率总和	$\sum \lambda_{DPF\_latent}$ = 12.8FIT
双（多）点故障可探测失效率总和	$\sum \lambda_{DPF\_det}$ = 69.822FIT
车辆生命周期	$T_{Lifetime}$ = 10000h

由于该示例中，ECU 硬件直接以安全目标为顶层分析目标，且没有其他硬件组件，所以可以直接根据表 5.7 中的该 ECU 的单独的失效率计算结果，不经过 FTA 系统级别的分析计算，直接计算出针对安全目标的硬件概率化度量指标，见表 5.8。

表 5.8　FMEDA 硬件架构度量及随机失效评估计算结果

硬件架构度量及随机失效评估
SPFM = 1 − (5.48/157) = 96.5%
LFM = 1 − [12.8/ (157 − 5.48)] = 91.6%
PMHF = $\sum \lambda_{SPF} + \sum \lambda_{RF} + \sum \lambda_{DPF\_det} \times \lambda_{DPF\_latent} \times T_{Lifetime}$ = 5.48FIT + 12.80FIT × 69.822FIT × 10000h = 5.489FIT

由于该硬件组件对应的安全目标为 ASIL C，根据 5.4.3 及 5.4.4 小节中度量指标的参考值判断其可知，SPFM 虽然没有 ≥97%，但非常接近，其他指标均满足相应安全要求，所以该硬件设计基本满足安全目标 ASIL C 等级需求。当然，也可以对硬件设计进行进一步优化，进而提高 SPFM 架构度量值。

第6章 汽车功能安全软件阶段开发

在功能安全系统开发阶段（I），已经得到了技术层面可实施的技术安全需求（TSR），并将其分配至系统架构中的硬件（HW）和软件（SW）组件，接下来以此为基础进行相应软件功能安全开发。

软件功能安全开发，主要包括以下内容：
- 软件开发模型。
- 什么是软件安全需求。
- 软件架构安全设计。
- 软件详细设计。
- 软件安全测试。

6.1 软件开发模型及ASPICE

为更好地了解软件功能安全开发过程，首先介绍软件开发模型。不管是ISO 26262、ASPICE，还是System Engineering，其开发过程都基于V模型，可以说V模型是汽车工程师必修内容。

对于功能安全而言，软件功能安全开发V模型属于ISO 26262第6部分内容，是系统开发大的V模型中软件开发部分，紧接着第4部分系统开发内容。

整个软件开发V模型始于需求开发，然后进行架构设计、详细实现，最后完成集成和验证。V模型的左侧从需求到设计实现，V模型的右侧从集成到测试验证，具体如图6.1所示。

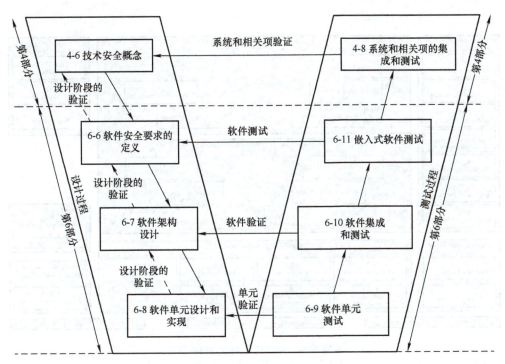

图 6.1　软件开发 V 模型[7]

这里简单介绍一下现在讨论比较多的 ASPICE，ASPICE 全称"Automotive Software Process Improvement and Capacity Determination"，即汽车软件过程改进及能力评定，于 2005 年由欧洲主要汽车制造商共同制定，旨在通过规范汽车零部件供应商软件开发流程，并对其开发项目进行评估认证，从而改善汽车软件的质量，具体开发流程如图 6.2 所示。

可以明显看出，ASPICE 开发模型也包括系统和软件开发 V 模型，并附加其他相应支持和管理过程。

ASPICE 和 ISO 26262 开发模型及主要工作输出产物基本类似，它们的底层逻辑都是通过对开发过程进行约束，认为过程基本决定结果，只要开发流程满足需求，则在该流程下开发出来的产品或软件的质量也能够得到保障。

目前 ASPICE 在欧洲应用比较多，欧洲大部分 OEM 都对供应商软件开发能力有所要求，例如，目前要求达到 Level 2 级别。这几年国内对 ASPICE 讨论很多，经过一阵热潮之后，很多 OEM 放弃了 ASPICE，认为 ASPICE 只是徒劳地增加开发工作量，延长项目周期，并不一定能改善软件质量，尤其基于单个项目的开发能力评估并不能反映在其他项目的应用情况。

个人观点如下：

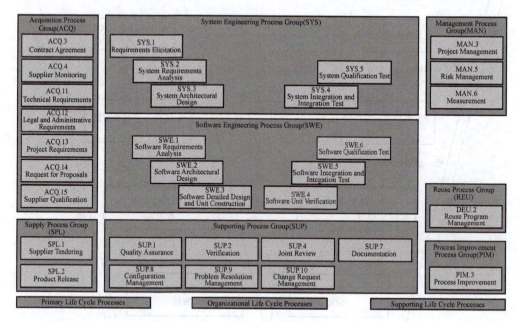

图6.2　ASPICE 开发流程[8]

✓ 规范及流程的存在是为了统一标准，为让大部分普通工程师在其约束下也能够开发出一流产品，保证产品质量一致性。

✓ 条条大路通罗马，只要企业内部开发流程完善，并不需要完全按照 ISO 26262、ASPICE 等规范进行开发，规范的存在只是提供指导，帮助企业建立及完善自己的开发流程。开发流程的存在虽然短期会增加研发工作量，但长远来看绝对利大于弊。

✓ 企业开发流程的制定需要结合企业规模、内部组织结构、企业文化等多种因素考量，应选择适合自身发展的开发流程。

✓ 规范及流程必须合理有效且能够付诸实践。尽可能利用相应的开发、管理工具链，加速流程的应用和管理。例如，ASPICE 和 ISO 26262 要求开发需求、软/硬件、测试用例之间的可追溯性，如果没有强大的开发工具链支持，不但其工作量巨大，且可用性也大打折扣。

✓ 考虑到成本及可行性，对企业开发能力的评估只能采取样本认证，即对其开发流程和具体样本项目进行评估，无法覆盖企业所有项目，这是所有认证的共性问题。而企业是否能够坚持标准，将标准应用于所有开发项目，取决于企业自身的坚持，相信我们还有很长的路要走！

6.2 软件安全需求（SWSR）

功能安全软件开发始于需求开发，即软件安全需求（Software Safety Requirement，SWSR），而 SWSR 源于分配至软件组件的 TSR，是软件相关的 TSR 在软件层面的进一步细化。

SWSR 定义相对比较简单，但需要注意的是，很多人认为只要定义软件相关安全机制就足够了，其实除此之外，SWSR 还包含和安全机制无关的 SWSR，它是保证功能安全的基础或支持内容，SWSR 一般来讲：

软件安全需求（SWSR）= 和安全机制无关的软件安全需求 + 软件安全机制

- **和安全机制无关的软件安全需求包括：**

— 使标称功能可以安全执行的功能等。

例如：软件安全运行相关基础软件，包括操作系统、时钟、运行模式等。

— 在生产、运行、服务和报废过程中与车载测试和非车载测试相关的功能。

例如：车载通信、密钥管理或闪存数据安全检测等，或 OBD Ⅱ 相关内容，包括故障存储、读取、清除等。

— 允许在生产和服务过程中对软件进行修改的功能。

例如：可配置性数据或标定数据，以满足多车型软件复用或者升级。

— 软硬件接口规范要求。

例如：I/O 接口、通信等信号安全需求。

— 对软件功能和特性的要求，包括对错误输入的鲁棒性、不同功能之间的独立性或免于干扰或软件的容错能力，部分内容属于安全机制。

例如：FFI 中软件分区。

- **软件安全机制包括：**

— 与应用软件本身、基础软件或操作系统失效探测、指示和减轻有关的自检或监控功能。

例如：应用层软件程序流监控，输入、输出合理性检测等；基础软件自检等。

— 与安全相关硬件要素故障探测、指示和减轻相关的功能。

例如：涉及基础软件相关安全机制，包括控制单元电源、时钟、内存等硬件要素故障信息探测、指示和控制。

— 使系统达到或维持安全状态或降级状态的功能。

例如：错误仲裁、安全状态等。

怎么从 TSR 得到 SWSR 呢？

SWSR 属于由软件相关的 TSR 细化得到软件层面安全需求，其导出过程和硬件安全需求（HWSR）类似，只要在系统开发阶段有效识别出软件相关的 TSR，SWSR 导出相对比较容易。

具体来说，根据分配至软件组件的技术安全需求（TSR），对其进行进一步安全分析或直接根据经验，导出更为详细的 SWSR，需要注意的是：

✓ 在实际操作中，除安全机制相关的 SWSR 外，还需要根据适用性，充分考虑上述提到的非安全机制相关 SWSR，尤其是软硬件接口规范和 FFI 免于干扰的安全需求，它们是保证软件功能安全的重要内容。

✓ FFI 免于干扰的安全需求多和基础软件相关，部分属于安全机制。在实际操作中，一般会将 SWSR 分为应用层软件安全相关和基础软件相关的安全需求，便于后续独立并行开发。

软件需求书写实践原则

软件需求作为后续软件开发的重要输入，其质量很大程度上决定了软件开发质量，所以写好需求是门技术，需要对系统及 Stakeholder 需求有充分的理解，这也是为什么近几年需求的定义和管理越来越受到企业重视的原因。

鉴于此，软件需求书写实践原则具体包括以下内容：

- 层次化。
- 需求不可分解，不要将两个要求合二为一，保持需求细化。
- 应该使每个要求表述尽可能完整和准确，无歧义，无冗余，不要输入可能使开发人员感到困惑的不合理的额外信息。
- 除了需求本身，可以添加规则或示例、范围陈述或对目标进行补充。
- 需求定义软件该做什么，不是不该做什么。
- 有必要在文档中记录所有的假设。
- 需求可验证性。
- 需求可追溯性。

网络上有很多需求文档书写模板，包括 RUP 版本、Volere 版本、ISO 版本、SERU 版本等，直接关键词搜索即可得，在此不再赘述。

6.3 软件架构安全设计

软件架构安全设计的本质是，基于系统安全架构，将和架构相关的软件安全需求（SWSR）应用于软件架构设计，初步确定软件功能安全实现的基本框架和方式，为后续软件详细设计提供基础。

在经典 AUTOSAR 的软件架构中，会将软件整体分为应用层、TRE 通信层、基础软件层。除此之外，为实现软件功能安全，还会将功能安全和非功能安全软件进行分层设计。例如，E-Gas 三层架构，将软件整体分为功能层、功能监控层和控制器监控层，其中功能层和功能监控层均属于 AUTOSAR 中应用软件层，控制器监控层为基础软件层，二者相互统一，并不矛盾。

总体来讲，根据不同的软件分层，软件架构安全设计基本分为两大部分：
- 功能监控层安全设计。
- 基础软件安全设计。

在具体介绍软件架构安全设计之前，首先要了解软件架构安全设计任务和主要采用的架构视图。

6.3.1 软件架构安全设计任务

软件安全架构旨在刻画出实现软件功能安全基本的软件框架，需要在系统架构的基础上，对其软件部分进行进一步细化，开发能够实现软件功能安全要求的软件架构设计。

一般来讲，软件架构设计需要同时考虑安全相关和非安全相关的软件要求，安全相关的需求甚至很大程度上决定了软件架构的形式，例如，是否需要分层设计、软件分区等。

对于分层式软件架构设计，功能安全架构部分可以相对独立进行设计。但不管是安全或非安全相关软件架构的设计，其任务都在于描述：

- 软件架构要素的静态设计方面，包括：
 - 分级层次的软件结构。
 - 数据类型和它们的特征参数。
 - 软件组件的外部接口。
 - 嵌入式软件的外部接口。
 - 全局变量。
 - 包括架构的范围和外部依赖的约束。
- 软件架构要素的动态设计方面，包括：
 - 事件和行为的功能链。
 - 数据处理的逻辑顺序。
 - 控制流和并发进程。
 - 通过接口和全局变量传递的数据流。
 - 时间的限制。

所以，不管是系统还是软件架构，都包含静态和动态特性，这两方面特性描述越全面，越利于后续软件详细设计，在实际应用中可根据需要，选择不同的详细程度。

除此之外，ISO 26262 对功能安全相关的软件架构设计，还根据不同 ASIL 等级，提出了其他相关约束，包括：
- 软件架构细致程度应能够承载 SWSR。
- 软件架构设计原则，包括：适当分层、限制软件组件规模和复杂度、限制接口规模、组内高内聚、组间低耦合、限制中断使用等。
- 软件架构设计验证方法，包括：设计走查、设计检查、控制流、数据流分析、仿真、快速原型等。
- SWSR 应被分配至软件架构中的组件。
- 不同或非 ASIL 等级软件组件开发需满足以下原则之一：
  - 按最高 ASIL 等级。例如，分配至软件组件的软件安全需求最高的 ASIL 等级为 D，这意味着，哪怕针对其中某一组成部分的安全需求（例如，计算逻辑对应的软件安全需求）只是 ASIL C 或 B，但考虑到该原则，该 SWC 组件整体，包括输入、计算逻辑、输出最终都应达到 ASIL D 等级。

当然，在对安全需求实现的过程中，我们可以进行 ASIL 等级分解，通过独立冗余的形式，降低开发等级，例如，对输入进行分解，形成两个 ASIL B 等级，或软件逻辑多样化计算等，但最终整体都需要达到 ASIL D 等级。

- 要素共存 FFI，例如软件分区。如果各子组件可以满足 FFI 要求，例如，实施相应的防止 FFI 的措施，那么各子组件可以按照原则二，即各自的 ASIL 等级开发，这样可以一定程度上降低开发成本。

那为什么要存在以上这两个开发原则呢？

一方面，是防止低 ASIL 等级子组件的失效蔓延到组件内其他高 ASIL 等级的子组件，在这种情况下，高 ASIL 等级子组件的开发就失去了意义。

另一方面，这两个约束直接决定了软件组件的底层实现方式，即对应的基础软件是否需要根据最高的 ASIL 等级进行开发，具体内容可以参考 6.3.4 小节相关内容。

- 对 SWSR 和具体实施之间的可追溯性。

架构设计约束详细内容及表格内容相对比较简单，可以直接查看 ISO 26262：2018 – 6 第 7 章节内容，在此不再赘述。

6.3.2 软件架构开发常见视图

为了描述软件架构静态和动态特性，ISO 26262 对软件架构设计的标记法进行明确规定，包括：自然语言、非半形式、半形式［伪代码、UML（Unified Modeling Language）、SysML（Systems Modeling Language）、Simulink 等］、形式记法（可运行代码），其中对于 ASIL 等级 C 和 D 软件安全需求对应的架构设计强烈推荐采用半形式法。

在实际架构设计过程中，一般采用通用化建模语言 UML 或 SysML，目前大部分架构设计软件都支持这两种设计语言，如 Enterprise Architect、Cameo 等。

此外，这些架构设计语言及软件工具和后续软件设计工具一脉相承，可以将相应的软件架构视图直接导入 AUTOSAR 或 Simulink 等软件开发工具，以此为基础直接用于软件详细设计。当然，也可以直接采用 AUTOSAR 等软件开发工具链进行软件架构设计，形成 ARXML 描述文件，其图形化设计语言也属于半形式标记法。

为了刻画软件架构静态和动态特性，往往需要采用不同的软件视图，即从不同的角度描述软件架构的行为。

UML 或 SysML 为描述软件架构静态和动态特性，分别引入了两大类视图：

- 结构视图：描述架构静态结构和接口。

常见的结构视图包括类图、组件图、复合结构图、包图等。

- 类图：用于描述系统中对象的类以及它们的依赖关系。
- 组件图：用于描述系统中不同的组件以及它们之间的接口。
- 复合结构图：本质上属于组件图，用于描述结构化的类的内部结构。
- 包图：用于组织模型的视图，可以按照模型的层次、视图的类型等通过包图形式进行打包分类显示。
- 模块定义图：用于描述系统和组成系统的基本元素，即模块及它们之间依赖的关系。
- 内部结构图：用于描述由模块定义图定义的模块所组成的系统的内部结构实现。

- 行为视图：描述架构动态行为，例如，数据流、控制流、不同状态切换等。

常见的行为视图包括用例图、活动图、序列图、状态图、交互纵览图等。

- 用例图：用于表示系统中的功能需求和参与者之间的关系，多用于需求分析。
- 活动图：用于描述业务、工作流程或执行流程。
- 序列图：用于描述不同对象之间发送和接收消息的序列。
- 状态图：用于描述系统不同的离散状态以及迁移关系，和 Stateflow 类似。

如图 6.3 所示，UML 和 SysML 各自定义了不同但类似的模型语言及视图类型。

其中，

- 二者在视图语言规则类似，UML 多用于软件架构设计，而 SysML 多用于系统设计，二者可以混合使用。

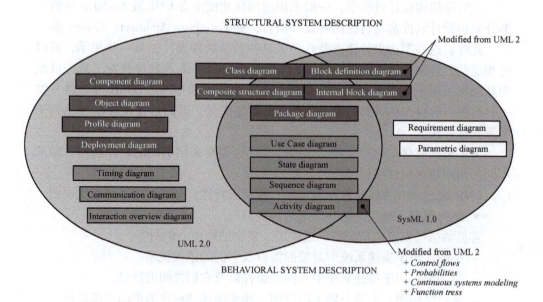

图6.3 UML 和 SysML 语言及区别[14]

- 二者视图类型之间存在部分重叠，也存在一定差异，例如，为了对需求及参数计算过程进行建模，SysML 独有需求及参数视图。

在实际应用过程中，可根据需要，采用不同视图描述软件架构的不同特性。

以 Enterprise Architect 架构设计工具为例，SysML 对应的主要视图类型及相关示例如图 6.4 所示，可作为参考卡片便于快速查询。

在软件定义汽车时代，为应对不断增加的软件复杂度，架构的重要性毋庸置疑，但很多人可能会好奇，为什么非要采取 UML/SysML 等半形式标记法描述架构，真的有必要吗？

答案是肯定的。

- 图比传统语言、代码更清晰、易懂。
- ISO 26262 对架构设计标记法明确，对于 ASIL C 和 D 的系统，强烈推荐使用半形式标记法，即 UML 或 SysML。
- 图可以描述复杂系统或者过程，统一建模语言及视图统一了各种方法对不同类型的系统、不同开发阶段以及不同内部概念的不同观点，从而有效地消除了各种建模语言之间不必要的差异。
- 为基于 AUTOSAR 的后续软件详细设计提供基础。

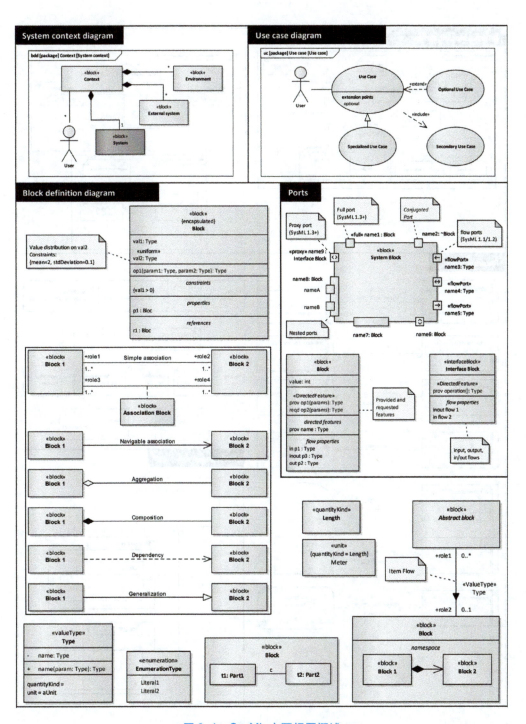

图 6.4 SysML 主要视图概述

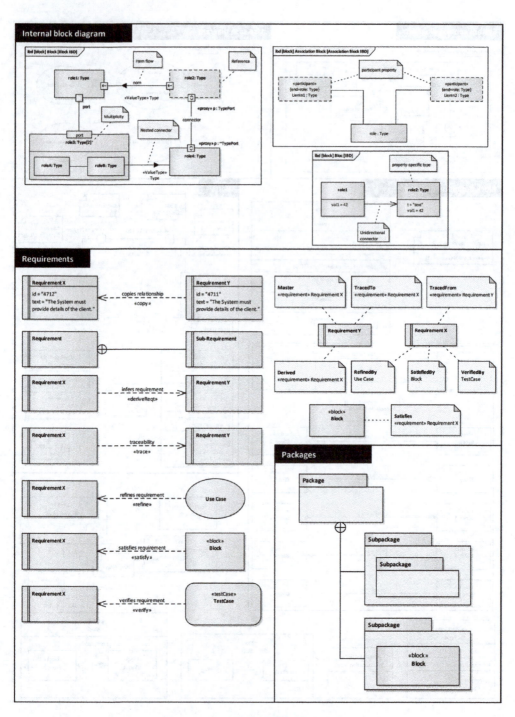

图 6.4 SysML 主要视图概述（续）

第6章 汽车功能安全软件阶段开发

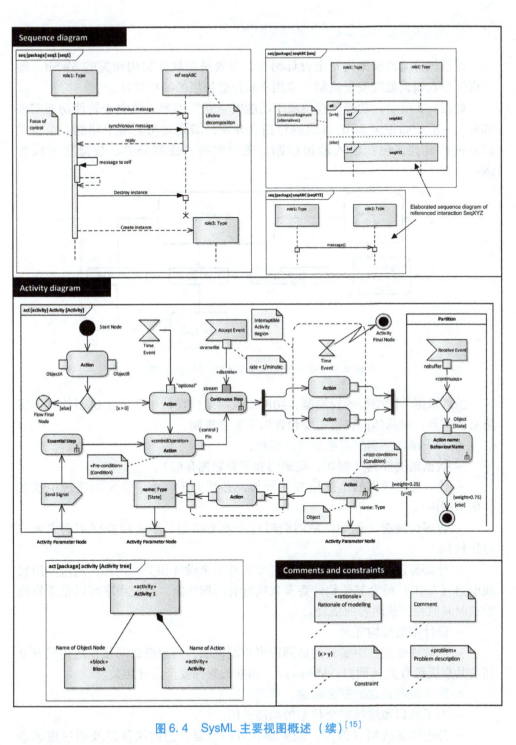

图 6.4　SysML 主要视图概述（续）[15]

6.3.3 功能监控层安全设计

对于软件监控层架构安全设计而言，主要是将软件架构相关的 SWSR，即错误探测和错误处理安全机制，应用于软件监控层的架构设计。

如图 6.5 所示，功能监控层属于功能安全开发内容，独立于软件功能实现部分，一般按照相应 ASIL 等级进行独立开发，需要对功能层中功能安全相关部分进行监控，包括输入输出诊断、逻辑监控、故障分类、故障优先级仲裁等。

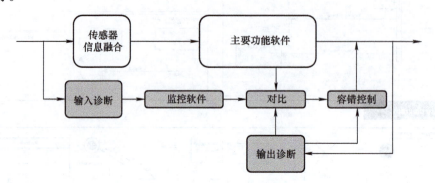

图 6.5　基于功能安全的软件架构示意图

虽然根据不同类型的控制器，功能监控层架构设计中的安全机制的具体实施有所差异，但总体而言，主要包含以下安全机制：

- 用于错误探测的安全机制，包括：

－数据错误探测（例如，检错码和多重数据存储）。

－输入输出数据的范围检查（例如，必须大于、小于特定的物理值或在一定范围内）。

－合理性检查（例如，使用期望行为参考模型、断言检查或不同来源信号比较）。

－外部要素监控程序执行，和基础软件安全设计相关，例如，通过专用集成电路（ASIC）或者其他软件要素来执行看门狗功能，监控程序可以是逻辑监控或时间监控，或两者的结合。

－设计中的异构冗余。

－在软件或硬件中实施的访问冲突控制机制，与授权访问或拒绝访问安全相关共享资源有关（例如，Memory），和基础软件安全设计相关。

- 用于错误处理的安全机制，可能包括：

－为了达到和维持安全状态的功能关闭。

－静态恢复机制（例如，恢复块、后向恢复、前向恢复以及通过重试进行恢复)。

— 通过划分功能优先级进行平稳降级,从而尽可能降低潜在失效对功能安全的不利影响。

— 设计中同构冗余,主要侧重于控制运行相似软件的硬件中瞬态故障或随机故障的影响(例如,软件冗余执行)。

具体来讲,在功能监控层架构设计过程中,可以根据具体监控的功能,进行相应的异构冗余计算,对其输入、输出进行范围及合理性检查,对异构冗余计算程序执行过程进行内部或外部要素的时间或逻辑监控,一旦发现错误,通过错误处理机制,将系统导入安全状态。

实例: 以整车控制器加速踏板信号为例,其 ASIL 等级要求一般为 D。

为了实现该安全需求,需要从软件和硬件两个方面着手:

- 硬件安全方面主要是加速踏板传感器本身非同质冗余及双路冗余采样等。
- 软件安全方面主要是基于上述安全机制的具体应用,例如,两路加速踏板传感器信号自身故障诊断、信号电压范围是否在有效范围内,以及制动踏板信号之间的合理性检验、双路信号是否同步等。

同样,在软件开发过程中,ISO 26262 并没有也没有办法明确哪个 ASIL 等级应该采取哪些软件安全机制,根据个人经验,一般存在以下两种方式可以进行参考:

✓ 软件安全机制离不开硬件安全机制,ISO 26262 第 5 部分硬件开发附件中对不同类型的安全机制诊断覆盖率进行高中低分类,可以参考硬件安全机制覆盖率的高中低,分别等价为所对应或相关的软件安全机制,分别应用于 ASIL D、C、B 类型的软件安全需求。

✓ 依据以往开发经验,一般对于 ASIL C 及以上的安全需求,需要根据适用性采取目前 State of Art 的所有或大部分的安全机制,对于 ASIL B 或 A 的安全需求,则没有明确要求。此外,目前 ISO 26262 – 6:2018 关于软件功能安全的开发的约束,基本上都是基于确定的白盒模型软件的开发,基本上不涉及机器学习(Machine Learning)等非白盒模型的功能安全开发过程,个人认为,这将是 ISO 26262 在后续版本中需要解决的问题之一。

总体而言,现有的功能安全软件开发 V 模型基本上还是适用于机器学习模型的功能安全开发过程,包括安全需求的确定,安全架构的设计,以及模型的建立和测试验证等,只不过和现有的软件功能安全开发过程相比,存在以下不同:

- 软件安全需求更加多样化,不仅仅局限于对软件功能本身的安全需求,对于机器学习模型而言,还包括了对训练数据的质量、有效性相关的安全需求，甚至机器学习训练数据中，还必须刻意包括一些在极端运行场景或非预期故障运行场景下，模型应有的安全输出数据，由此增加机器学习模型的鲁棒性和可靠性。

- 传统的软件模型建立过程，包括软件架构设计和详细设计，由机器模型架构设计和学习训练过程替代，除训练数据外，机器模型架构的选择，以及模型的训练及测试验证、优化过程和方法直接决定了机器模型的输出以及安全表现。所以，我们必须对机器模型的建立过程，包括机器学习模型本身的选择、训练方法、训练/测试数据量、时长、验证标准等，进行相应的 ASIL 等级约束，这部分内容本质上和现有的软件架构和详细设计约束类似，只是由于约束的对象发生了变化，具体约束内容也会随之改变，尤其是针对训练数据和机器学习模型一致性问题相关的约束内容。

6.3.4 基础软件安全设计

基础软件多和控制器硬件相关，是保证上层软件（应用层、功能监控层）正常运行的基本条件。

在经典的 AUTOSAR 软件平台中，为实现独立于控制器硬件，多平台软件复用，采用了 RTE 层和基础软件层，通过标准化接口规范，对硬件进行逐级抽象，对上层提供统一访问接口，以此实现软硬件分离。

当应用层 SWC 存在非（QM）或者不同的 ASIL 等级时，基础软件也必须满足相应的安全需求。从 ISO 26262 角度而言，依据非或不同 ASIL 等级要素共存原则，当应用层软件存在非或混合的 ASIL 等级安全需求时，基础软件开发也存在两种方式，可根据需要选择其一：

- 免于干扰，要素共存措施。
- 最高 ASIL 等级原则。

6.3.4.1 免于干扰，要素共存措施

为了实现非或不同 ASIL 等级要素共存，除了在功能监控层对其开发进行区别对待外，还需要在基础软件部分采用相应的安全措施，避免高 ASIL 等级软件受到低 ASIL 等级或 QM 软件的干扰，进而破坏功能安全需求，这就是所谓的免于要素的干扰（FFI）或要素共存。

那么 FFI 干扰类型有哪些？应该采用哪些要素共存的安全措施？

（1）FFI 干扰类型

ISO 26262 共定义以下三种类型的干扰：

- 执行和时序（Timing &Execution）干扰

软件在执行和调度过程中出现的组件间的干扰，主要包括：

— 执行阻塞（blocking of execution）：一个任务占有 CPU 控制权，导致另外一个任务被阻塞。

— 死锁（deadlocks）：同时处于等待状态的任务，等待对方释放已经被锁定的资源。

— 活锁（livelocks）：虽然任务进程在不断变化，但相互依赖、互锁，导致永远无法结束任务。

— 执行时间分配错误（incorrect allocation of execution time）。

— 软件要素间同步错误（incorrect synchronization between software elements）。

其对应的安全机制包括：

— 基于 AUTOSAR 操作系统的时间保护机制。

— 内外部看门狗（Internal/External Watchdog）。

— 程序监控（Program Flow Monitor）。

其中，基于 AUTOSAR 操作系统的时间保护机制主要是操作系统（OS）针对任务及二类中断执行时间，对资源加锁的时间（即共享资源被任务或二类中断挂起或者屏蔽的时间），或者任务触发间隔时间，设置时间上限，由此实现操作系统（OS）对时间类型干扰的监控，需要注意的是在 OS 开启前，该时间保护机制不起作用。

看门狗具体见 5.3.3 及 5.3.4 小节相关内容。

- **内存（Memory）干扰**

软件组件内存干扰类型主要包括：

— 内容损坏（corruption of content）。

— 数据不一致［inconsistent data（e.g. due to update during data fetch）］。

— 堆栈溢出或下溢（stack overflow or underflow）。

— 对已分配给其他软件要素的内存进行读写访问（read or write access to memory allocated to another software element）。

需要注意的是，这里所谓的内存指图 5.2 中存储器（Memory），包括只读存储器（ROM）、随机存取存储器（RAM），所以它保护的对象不仅仅是我们常说的内存，还包括 Flash。

其对应的安全机制包括：

— 使用冗余校验或纠正，例如奇偶校验、CRC、ECC（Error Correcting Code）。

使用冗余校验或纠正主要是使用奇偶校验、CRC 或者 EEC 对存储空间进行校验，并在一定的情况下，进行错误纠正。

不管哪种类型的校验，其原理都是通过特定的校验算法对指定的存储空间进行校验计算,并将计算结果和预存的校验结果进行对比,如果存在不一致,则检测到内存发生错误,并根据校验形式提供的可能性,对相应的错误进行纠错:

奇偶校验:每 8bit 存储空间,附带 1bit 额外校验位,使这组内存中 1 的个数为奇数(奇校验)或偶数(偶校验)。

CRC 校验:针对指定的存储空间进行 CRC 计算,一般用于检测 Flash 读写错误,无法纠错。

ECC 校验:每 8bit 存储空间,附带 5bit 额外校验位,往后每增加一倍的数据位宽,增加 1bit 校验位,可纠正 1bit 错误,检查 2bit 错误,但不能纠正 2bit 错误。

- 内存分区,使用内存保护单元(Memory Protection Unit,MPU)来实现软件分区。

内存分区或保护(MPU)是指通过将系统存储空间分成多个区域,每个区域指定特定的访问权限和保护等级,以此防止非法的内存访问和干扰,提高系统的可靠性和安全性,其原理如图 6.6 所示,Application B 中的 TASK #3 和 TASK #4 由于访问限制,不能对 TASK #1 和 TASK #2 指定的存储空间进行访问。

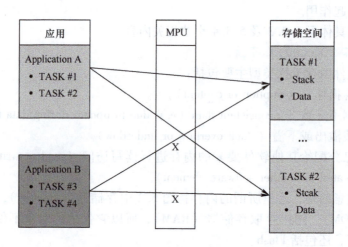

图 6.6 内存分区或保护(MPU)原理示意

AUTOSAR 中,MPU 作为内存分区的安全机制,可以为不同 ASIL 或 QM 级 OS Application 提供对应的内存分区,对其访问、读写权限进行设置,防止低 ASIL 等级应用对高 ASIL 等级应用的干扰。需要注意的是,在 AUTOSAR 中,内存分区是以 OS Application 为最小单元的,只能针对整个 OS Application 设置内存分区，无法对 OS Application 内部的 Runnable 提供单独的内存分区，也就是说，不同 ASIL 等级的软件单元不应该被分配到同一个 OS Application，这种情况下，MPU 没有办法提供防止 FFI 的内存保护措施。具体技术细节见 AUTOSAR 官网技术文档。

- 信息交换（Exchange of information）干扰

信息发送方（Sender）和接收方（Receiver）之间的数据交换对系统的功能安全造成影响：

- 信息重复（repetition of information）。
- 信息丢失（loss of information）。
- 信息延迟（delay of information）。
- 信息插入（insertion of information）。
- 信息次序不正确（incorrect sequence of information）。
- 信息伪装或不正确寻址（masquerade or incorrect addressing of information）。
- 信息损坏（corruption of information）。
- 从发送方传送到多个接收方信息不对称（asymmetric information sent from a sender to multiple receivers）。
- 发送方发送的信息只能被部分接收方接收（information from a sender received by only a subset of the receivers）。
- 通信信道阻塞（blocking access to a communication channel）。

其对应的安全机制包括：

- 循环冗余校验（cyclic redundancy check，CRC）。
- E2E 保护（End2End Protection）。

安全机制具体见 4.5.3.4 小节相关内容。

(2) 免于干扰，要素共存的安全措施

为解决以上 FFI 干扰问题，实现要素共存，尤其是基于以往非 ASIL 等级开发的产品的二次开发而言，基于功能安全和非功能安全的 Partitioning 的开发尤为常见。

以 AUTOSAR 架构为例，Partitioning 具体原理如图 6.7 所示。

其中，QM 部分和 ASIL 相关部分相对独立，BSW 采用 QM 开发（注意 ASIL 部分没有独立的满足 ASIL 等级的 BSW），为实现要素共存，RTE 及操作系统（OS）必须采用相应的安全措施，具体包括：

- 为实现控制器内部以及 QM 和 ASIL 组件之间跨 Partitioning 的安全通信，需要采用能够满足安全要求的 RTE 层，即 SafeRTE。
- 为实现不同控制器之间的安全通信，需要采用 E2E 保护，即 SafeE2E。

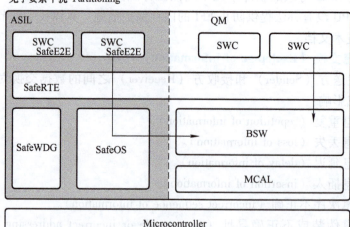

图6.7 AUTOSAR 基础软件设计：免于要素干扰

- 为实现 QM 和 ASIL 之间 BSW 调用的服务切换，即所谓的 QM OS Context 和 ASIL OS Context 切换，例如，内存保护设置（MPU）、相关寄存器设置等，需要采用支持服务切换的操作系统，即 SafeOS，并能够实现内存管理（MPU）、时间监控（即 SafeWDG）等。

Partitioning 开发的优缺点如下：

- **优点**：成本较低，适用于含有少量 ASIL 相关的 SWC 应用。
- **缺点**：随着 ASIL 相关的 SWC 应用增加，QMOSContext 和 ASILOSContext 切换频率增加，Overhead 增加，运行效率下降。

6.3.4.2 最高 ASIL 等级原则

对于按照最高 ASIL 等级原则，以 AUTOSAR[10] 为例，具体原理如图 6.8 所示。

和 Partitioning 要素共存类型的开发相比，按照最高 ASIL 等级的开发中，除了 RTE 和 OS 需要满足相关的安全需求外，即 SafeRTE、SafeOS 外，基础软件 BSW 也需要按照 ASIL 等级进行开发，即 SafeBSW、QM 部分可以通过 SafeOS 直接调用 ASIL 相关的基础软件，二者之间的调用和服务切换也会由此降低。

按照最高 ASIL 等级开发的优缺点如下：

- **优点**：基础软件主体为功能安全组件，安全性能高，适用于大量 ASIL

第6章 汽车功能安全软件阶段开发

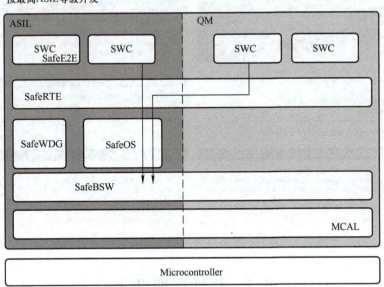

图 6.8　AUTOSAR 基础软件设计：按照最高 ASIL 等级开发

相关的 SWC 应用，可以有效降低由服务切换导致的运行负载。

- **缺点**：底层模块需按 ASIL 等级开发，成本高，但随着软件复杂度不断提高，为降低开发复杂度和增加软件可靠性逐渐成为趋势。

6.3.4.3　基础软件安全开发解决方案

不管是按照最高 ASIL 等级开发，还是要素共存（FFI），基础软件开发多标准化，在不同软件平台直接采用开发工具链配置即可。

例如，Vector 提供 AUTOSAR 的 ECU 解决方案，包括源代码 MICROSAR 和 DaVinci 系列配置工具，其中和功能安全相关的软件模块 MICROSAR Safe 如图 6.9 所示：

针对 FFI 不同的干扰类型，分别对应相应的基础软件安全模块和安全措施，包括：SafeOS、SafeRTE、SafeBSW、SafeWDG、SafeE2E 等，具体使用根据相应开发工具链进行配置就可，但相对成本较高，基础软件开发目前基本上大部分被国外垄断，这个也是目前国内汽车软件开发相对薄弱的地方。

图 6.9　和功能安全相关的 MICROSAR Safe 软件模块

6.4　软件详细设计

功能安全软件详细设计或者软件单元设计的主要任务是基于软件安全架构，对软件安全需求进行进一步实现。和非功能安全软件详细设计相比，功能安全软件详细设计，除了实现软件安全需求外，最主要的区别就是需要考虑由软件安全需求 ASIL 等级带来的开发约束，其主要包括：

- 建模和编码指南约束（表 6.1）

表 6.1　建模和编码指南约束[7]

方法		ASIL 等级			
		A	B	C	D
1a	强制低复杂度	++	++	++	++
1b	语言子集的使用	++	++	++	++
1c	强制强类型	++	++	++	++
1d	防御性实施技术的使用	+	+	++	++
1e	使用值得信赖的设计原则	+	+	++	++
1f	使用无歧义的图形表示	+	++	++	++
1g	风格指南的使用	+	++	++	++
1h	命名惯例的使用	++	++	++	++
1i	并发方面	+	+	+	+

- 不同 ASIL 等级软件单元设计语言或标记约束（表 6.2）

表 6.2　软件单元设计标记方法[7]

方法		ASIL 等级			
		A	B	C	D
1a	自然语言	++	++	++	++
1b	非形式记法	++	++	+	+
1c	半形式记法	+	+	++	++
1d	形式记法	+	+	+	+

其中，最常见的标记方法包括：

— 自然语言：我们日常使用的文字性语言表达，可作为补充标记使用。

— 非形式记法：以图形或图表的方式描述。

— 半形式记法：和系统架构标记法类似，多采用统一建模语言（UML）、系统建模（SysML），Simulink 或 Stateflow 图形化建模等。

- 软件单元设计原则的约束（表 6.3）

表 6.3　软件单元设计和实现的设计原则[7]

方法		ASIL 等级			
		A	B	C	D
1a	子程序和函数采用单个入口和出口	++	++	++	++
1b	无动态对象或动态变量，否则需要在其产生过程中对其进行在线测试	+	++	++	++
1c	变量初始化	++	++	++	++
1d	不能重复使用变量名称	++	++	++	++
1e	避免全局变量，否则需要证明对全局变量使用是合理的	+	+	++	++
1f	限制使用指针	+	++	++	++
1g	无隐式类型转换	+	++	++	++
1h	无隐藏数据流或控制流	+	++	++	++
1i	没有无条件跳转	++	++	++	++
1j	无递归	+	+	++	++

此外，目前汽车软件开发多基于模型开发，即（Model – Based Development，MBD），同样也适用于汽车功能安全软件开发，其开发流程、开发工具等均和正常的应用层软件开发一致，多采用 Simulink、ASCET 或 AUTOSAR 等图形化开发语言进行，再通过自动代码生成技术，生成控制器可执行语言，这部分内容大家应该都比较熟悉，在此不再赘述。

以 AUTOSAR 开发工具链为例，MBD 开发流程如图 6.10 所示。

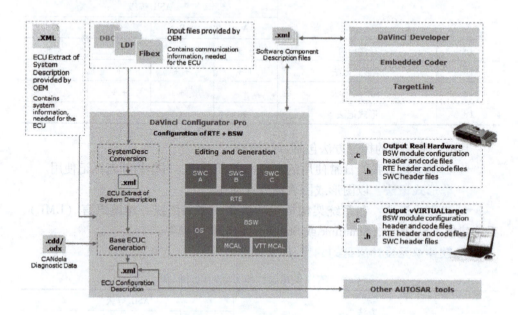

图 6.10　AUTOSAR 开发工具链 MBD 开发流程

6.5　软件安全测试内容及方法

6.5.1　软件安全测试内容

根据软件开发 V 模型，在软件安全详细设计完成后，需要进行相应的软件验证、集成及测试等内容，即 V 模型右侧内容，具体包括：
- 软件单元验证（Software Unit Verification）。
- 软件集成和验证（Software Integration and Verification）。
- 软件测试（Testing of the embedded Software）。

具体如图 6.11 所示。

细心的朋友可能已经发现了，在 ISO 26262 软件开发 V 模型中，软件单元、集成后的软件组件测试采用的词语都是验证，即 Verification，非确认（Validation）。

实际上嵌入式软件的测试，即 Testing，也属于验证，只是和前面二者相比，其验证的方法多是基于需求的测试用例测试或故障注入测试，所以直接以

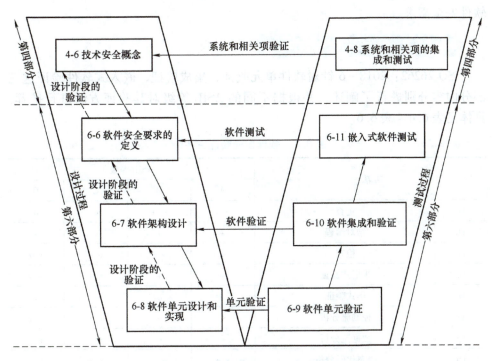

图6.11 软件开发V模型中验证和测试内容

测试命名。

那么它们三者测试在内容上有什么区别呢?

本质上它们都是对软件安全需求进行测试,但其测试层级和侧重点不一致:

✓ **软件单元验证**,对应软件开发V模型左侧的软件单元设计和实现,属于软件单元级别的测试,主要验证软件单元设计代码是否合规,针对软件单元的具体软件安全需求是否得到实现。

✓ **软件集成和验证**,对应软件开发V模型左侧的软件架构设计,验证的对象是软件安全架构,主要是验证各软件单元是否按照软件架构设计进行了集成、接口是否正确、由软件架构层面的安全分析得出的已定义的安全措施(例如,FFI相关的安全措施)是否得到适当实施、资源使用是否合理、软件结构覆盖率是否达到要求。

✓ **嵌入式软件测试**,对应软件开发V模型左侧的软件安全需求定义,验证的对象是软件安全需求,这里的软件安全需求和前面的软件单元验证和集成验证相比,层次更高,属于功能级别的软件安全需求,是软件最终实现的功能需求,而不是为实现其功能,在软件架构或软件单元层面分解得到的中间过程的软件安全需求。

6.5.2　软件安全验证方法

ISO 26262：2018-6 针对软件单元验证、集成验证、嵌入式软件验证这三部分内容分别进行了阐述，并根据不同的 ASIL 等级对其验证方法进行推荐，具体见表6.4～表6.6。

表6.4　软件单元验证方法[7]

方法		ASIL 等级			
		A	B	C	D
1a	走查	++	++	o	o
1b	结对编程	+	+	+	+
1c	检查	+	++	++	++
1d	半形式验证	+	+	++	++
1e	形式验证	o	o	+	+
1f	控制流分析	+	+	++	++
1g	数据流分析	+	+	++	++
1h	静态代码分析	++	++	++	++
1i	基于抽象解释的静态分析	+	+	+	+
1j	基于需求的测试	++	++	++	++
1k	接口测试	++	++	++	++
1l	故障注入测试	+	+	+	++
1m	资源使用评估	+	+	+	++
1n	如果适用，模型和代码之间的背对背测试	+	+	++	++

表6.5　软件单元集成验证方法[7]

方法		ASIL 等级			
		A	B	C	D
1a	基于需求的测试	++	++	++	++
1b	接口测试	++	++	++	++
1c	故障注入测试	+	+	++	++
1d	资源使用评估	++	++	++	++
1e	如果适用，模型和代码之间的背对背测试	+	+	++	++

(续)

方法		ASIL 等级			
		A	B	C	D
1f	控制流和数据流验证	+	+	++	++
1g	静态代码分析	++	++	++	++
1h	基于抽象解释的静态分析	+	+	+	+

表6.6 嵌入式软件测试方法[7]

方法		ASIL 等级			
		A	B	C	D
1a	基于需求的测试	++	++	++	++
1b	故障注入测试	+	+	+	++

看到这里,很多朋友其实已经发现,它们虽然属于软件开发V模型不同层级的测试,但很多测试方法是共通的,例如,基于需求的测试、接口测试、故障注入测试等。

为更好地理解,从测试类型的角度,可以将上述测试方法分为两大类:

- 静态分析(Static Analysis)。
- 动态分析(Dynamic Analysis)。

对于功能安全软件安全测试、软件单元验证、集成验证、嵌入式软件验证对应测试类型如下:

- 软件单元验证:静态分析+动态分析,静态为主

例如,表6.4中的检查验证、代码静态分析等。

- 集成验证:静态分析+动态分析

例如,表6.5中既包括代码静态分析,也包含接口测试、基于需求的测试等。

- 嵌入式软件验证:动态分析

例如,表6.6中基于需求的测试和故障注入测试。

那什么是静态分析和动态分析呢?

6.5.2.1 静态分析

静态测试属于最基本的测试,是指不用真正执行程序的测试,它主要采取代码走查、技术评审、代码审查等方法对软件产品进行测试,它主要包括:

- 软件/代码是否满足相关质量标准?
  - 走查,结对编程,检查。

- 控制流分析。
- 数据流分析。
- 静态代码分析。

除不同类型的人为分析检查外，静态分析最重要的内容为静态代码分析，主要目的是检查代码编写是否符合特定的编程规则。

对于大部分车辆控制器代码而言，静态代码分析，即 C 代码静态分析（如果基于模型开发，则是自动生成的代码），主要是保证代码满足 MISRA C（Motor Industry Software Reliability Association，汽车工业软件可靠性协会）或类似相关规则的要求。

静态代码分析一般可以直接采用自动化检测软件，例如 Simulink、Model Advisor、Vector、VectorCAST、Perforce、Helix QAC 等，通过配置代码检测规则，然后导入源文件进行自动化分析，如果不满足相关要求，则需要对代码进行修改直至满足为止。

6.5.2.2 动态分析

动态分析是指实际运行程序，并通过观察程序运行实际结果来发现错误的软件测试技术，它主要包括了以下几个方面：

- 软件/代码是否做了它应该做的内容？
- 基于需求的测试。
- 接口测试。
- Back – to – Back 测试。
- 软件/代码是否做了它不应该做的内容？
- 鲁棒性测试。
- 软件/代码测试是否足够？
- 结构覆盖性测试。

重要的动态测试包括：

- 基于需求的测试
- 基于分配的安全需求和测试环境，制定安全测试用例，测试用例一般会包括5个关键参数，包括：初始状态或前提条件、数据设置、输入、预期输出、实际输出。
- 管理需求和测试用例及结果的可追溯性。
- 接口测试
- 不同软件层次的接口，包括信号名称、数目、数据类型、范围。
- 故障注入测试

— 属于鲁棒性测试,故障注入测试主要目的是验证系统设计、软件设计过程所提出的安全机制或安全措施的有效性。通过在特定位置注入错误,包括错误的数值、方向、频率等,对系统功能安全机制响应时间、诊断覆盖等内容进行验证。

- Back – to – Back 测试

— 基于模型设计的测试,用于验证模型和生成的代码的一致性,即采用相同的测试用例,同时执行模型和生成的代码测试,对二者输出结果进行比较,一致则通过,否则存在不一致。

除基本测试方法外,ISO 26262:2018 - 6 对不同阶段的软件安全测试环境也有相应的要求:

- 单元验证及集成验证:基于开发环境的软件测试,包括模型在环、软件在环、处理器在环、硬件在环等。

- 嵌入式软件验证:基本上硬件在环或车辆。

在实际项目操作中,软件集成验证和嵌入式软件验证中测试相关内容多在硬件在环层面执行,且进行合并。

6.5.3 软件安全测试用例导出

静态测试多自动化完成,多不需要测试用例,相对比较简单,而动态测试基本上都需要用到测试用例,那如何导出测试用例,用尽可能少的测试用例,覆盖尽可能多的测试场景?这是个很重要的问题。

在 ISO 26262:2018 - 6 中,根据不同 ASIL 等级,对于软件单元、集成测试、嵌入式软件这三个层次的用测试用例导出方法基本类似,包括:

- 需求分析。
- 等价类的生成和分析。
- 边界值分析。
- 基于经验的错误猜想。
- 功能相关性分析。
- 操作用例的分析。

其中,需求分析主要是根据需求制定测试用例,也是测试用例导出最常用的方法,需要注意的是,需求的制定和测试用例的导出最好由不同的开发人员完成,尽可能保证测试的独立性。

等价类的生成和分析,可以基于划分输入、输出来识别等价类,为每个等价类选择一个有代表性的测试值,这样可以有效降低测试用例数目,减少重复性测试,从而降低测试成本,减少测试时间。

6.5.4 如何保证软件安全测试完整性

为了评估验证的完整性，并提供证据证明已有测试用例已充分实现相应测试目标，必须对测试完整性进行评估，这里就得提到结构覆盖率这个概念。

首先明确一点，这里的结构覆盖率不是指我们对百分之多少的测试用例或者需求进行了测试，这是属于基于需求的测试覆盖率，它和结构覆盖率有本质区别。

结构覆盖率用于度量我们设计的测试用例在多大程度上可以覆盖我们的代码，包括代码的语句、函数、分支等。因此，结构覆盖率又可以进一步分为：

- 语句覆盖率：用于统计每个代码语句被测试用例执行的比例。
- 分支覆盖率：用于统计每个判定分支（即 If...else 等）被测试用例执行的比例。
- 函数覆盖率：用于统计代码中所有函数被测试用例执行的比例。
- 调用覆盖率：用于统计每个函数调用被测试用例执行的比例。
- MC/DC（修改条件/判定覆盖率）：这个较为复杂，见后续详细分析。

其中，很多朋友搞不清函数覆盖率和调用覆盖率的区别，以及 MC/DC 的意义，下面结合实例重点来阐述这两部分内容：

（1）函数覆盖率 vs. 调用覆盖率

例如，对于测试对象：

if $A==1$, then $f1$, $f2$,
else if (0), then $f3$,
else, then $f4$,
end

其中，$f1$、$f2$、$f4$ 均被定义，而 $f3$ 没有被定义。

该情况下，由于 else if (0)，函数 $f3$ 永远不会被执行，所以函数调用覆盖率为 $3/4=75\%$，但所有定义的函数均被执行，所以函数覆盖率为 100%。

所以，函数覆盖率多用于检测未被调用的多余函数，而调用覆盖率用于检测死代码。

（2）MC/DC（修改条件/判定覆盖率）

MC/DC 是分支测试的进一步补充，适用于判定类代码覆盖检测，它要求较为复杂：

- 在一个程序中所有可能的输入和输出至少需要出现一次。
- 每一个判定中的每一个条件必须能够独立影响判定输出，也就是说，在其他判定条件不变的前提下，仅改变条件中一个值，判定结果就会发生改变。

什么意思呢，我们来看个实例，例如，对于测试对象：

```
if A and (B or C), then…
else, …
end
```

理论上，对于三个输入判定条件（A、B、C），每个都存在真和假两种可能性，则一共存在 8 种测试用例（Case），为实现 MC/DC 全覆盖，实际上只需要表 6.7 所示的 4 个测试用例，即 Case1~4，就能使得 A、B、C 输入和判定输出结果 true 和 false 都出现一次，且只要 A、B、C 一个条件值发生改变，就会使最终判定结果发生变化，其他测试用例本质上是重复多余的。

表 6.7 MC/DC 全覆盖测试用例（Case）

条件名称	Case1	Case2	Case3	Case4
A	true	false	true	true
B	true	false	false	false
C	false	true	false	true
判定结果	true	false	false	true

虽然 MC/DC 较复杂，但错误检出率高，适合那些大型的并且要求测试非常精确的软件测试。

为保证软件安全测试完整性，根据不同的 ASIL 等级，ISO 26262：2018-6 还对软件单元，集成软件的测试覆盖率进行相应要求，具体见表 6.8 和表 6.9。

表 6.8 软件单元结构覆盖率度量要求[7]

	方法	ASIL 等级			
		A	B	C	D
1a	语句覆盖率	++	++	+	+
1b	分支覆盖率	+	++	++	++
1c	MC/DC（修改条件/判定覆盖率）	+	+	+	++

表 6.9 软件架构结构覆盖率度量要求[7]

	方法	ASIL 等级			
		A	B	C	D
1a	语句覆盖率	+	+	++	++
1b	分支覆盖率	+	+	++	++

可以看出，软件单元层面结构覆盖率多基于语句、分支等最基本的代码组成部分测试，而集成后的软件架构层级的结构覆盖率多基于函数，其层级更

高。二者逐步递进，可以有效评估软件安全测试的完整性和充分性。

需要注意的是：

✓ 结构覆盖率不需要一味追求100％，高结构覆盖率并不能完全代表代码已经进行高质量的充分的测试，它只说明哪些代码没有被测试用例有效执行。

✓ 结构覆盖率测试可以帮我们分析前期测试用例设计是否足够充分，是否存在一些遗漏，哪些地方需要进行补充，以此增加测试的完整性。

✓ 结构覆盖率测试并不能解决软件事先没有考虑到的情形及功能不足的情况。

第7章 汽车功能安全系统阶段开发（Ⅱ）

汽车功能安全系统阶段开发（Ⅱ）属于 ISO 26262-4：2018 第二部分内容，位于功能安全系统开发 V 模型右侧部分，紧接着硬件和软件开发阶段，主要包含了以下两部分内容：
- 系统及相关项集成和测试。
- 安全确认（Validation）。

7.1 系统及相关项集成和测试

系统及相关项集成和测试阶段总共包括三个子阶段：
- 第一个子阶段，**软硬件集成及测试**，即集成各要素硬件和软件，形成子系统，并进行相应测试。
- 第二个子阶段，**系统集成及测试**，即集成组成一个系统的要素或子系统，以形成一个完整的相关项，并进行相应测试。
- 第三个子阶段，**整车集成及测试**，即集成相关项与车辆内其他系统，并进行相应测试。

测试的目的在于验证系统层面安全分析得到的所有安全需求及相应的 ASIL 等级是否得到满足，以及安全机制是否正确实施。

系统及相关项集成和测试主要输入及输出信息如图 7.1 所示。

其中：
- 集成工作相对较为简单，根据接口和架构进行即可，测试是重点，

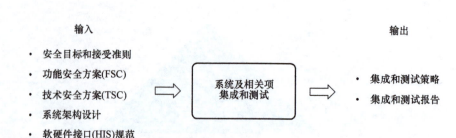

图 7.1　系统及相关项集成和测试主要输入及输出信息

ISO 26262系统列出了根据不同 ASIL 等级进行测试的内容和方法（具体见7.1.2 小节内容）。

- 集成和测试需要的输入信息会随着集成和测试的层级逐步发生变化，例如，在软硬件层级，基本上软硬件接口规范就能够满足测试需求，系统测试则需要功能和技术安全需求，而整车集成则多需要功能安全需求。
- 所谓的集成和测试策略，就是确定集成和测试的目的、内容、方法、测试用例、工具、模板、测试环境的搭建，回答如何进行测试才能满足安全需求和相应的 ASIL 等级的问题。
- 所谓的集成和测试报告，就是执行测试策略所得到的结果的汇总。

7.1.1　集成和测试用例的导出

根据软硬件接口规范及系统架构信息，需要将不同层级的要素进行集成，并对其进行相应的测试。除整车集成测试外，软硬件及系统集成测试大部分均以软件在环（SiL）、模型在环（MiL）、硬件在环（HiL）测试为主。

但不论哪种测试环境，测试用例的定义是必不可少的部分，它详细地描述了测试前提、输入信息、执行过程、预期输出结果等，而且需要针对每个安全需求至少制定一个测试用例，以保证测试的充分性。

和集成测试一样，根据不同的 ASIL 等级，ISO 26262 推荐了不同的测试用例导出的方法，且二者测试用例导出方法类似，可以根据测试层级进行适用性选择。一般 ASIL 等级越高，测试充分性要求越高，需要用到的导出方法也越多，这样才能从不同的角度导出测试用例，保证测试的充分性，具体见表 7.1。

其中比较重要且常用的测试用例导出方法包括：

- **需求分析**：即根据需求制定测试用例，也是测试用例最常见的导出方法。
- **内外部接口分析**：主要是根据接口信息，制定测试用例，验证软硬件接口是否正常工作，数据类型是否匹配。

表 7.1 导出集成测试案例的方法[9]

方法		ASIL 等级			
		A	B	C	D
1a	需求分析	++	++	++	++
1b	外部和内部接口分析	+	++	++	++
1c	软硬件集成等价类的生成和分析	+	+	++	++
1d	边界值分析	+	+	++	++
1e	基于知识或经验的错误猜测法	+	+	++	++
1f	功能的相关性分析	+	+	++	++
1g	相关失效的共有限制条件、次序及来源分析	+	+	++	++
1h	环境条件和操作用例分析	+	++	++	++
1i	现场经验分析	+	++	++	++

- **等价类生成和分析**：主要是挑选具有代表性的输入进行测试，以此减少相类似输入带来的测试工作量，例如，对于输入 1~5，本质上它们计算过程是类似的，都采用了相同的计算逻辑，那么它们就属于等价类，这时候就可以只挑选其中 1~2 个输入作为代表进行测试即可。
- **边界值分析**：主要是根据输入的边界制定测试用例，对输入的最小及最大值进行测试。
- **错误猜想**：主要是根据知识、经验或者 FTA 故障树中的故障，猜想可能出现的错误并制定相应的测试用例。

7.1.2　集成和测试的内容和方法

根据表 7.1 测试用例导出方法，可以得到不同的测试用例，那么利用这些测试用例，应该对哪些内容进行测试，以及对应的测试方法有哪些？

根据 ISO 26262，在集成测试中，不管是软硬件集成、系统集成，还是整车集成，从功能安全的角度看，其测试内容基本相同，具体包括：

- 功能安全及技术安全要求的正确实施。
- 安全机制正确的功能性能、准确性和时序。
- 硬件故障探测机制在软硬件层面的有效性。
- 接口的一致性和正确实施。
- 足够的鲁棒性。

7.1.2.1　功能安全及技术安全要求的正确实施

功能安全需求的正确实施是集成测试的最基本内容，旨在保证功能安全需求（FSR）和技术安全需求（TSR）在不同层级的集成后能够得以正确实施或执行。

根据集成阶段不同，所测试的安全要求的层级也有所区别。通常来讲，需要在集成后的层级对已定义的安全要求进行验证，具体而言：

- **在软硬件集成阶段**：需要在集成后的系统层面或环境，对和该系统相关的技术安全需求（TSR）进行测试验证。
- **在系统集成阶段**：需要在集成后的相关项层面或环境，对和该相关项相关的技术安全需求（TSR）和功能安全需求（FSR）进行测试验证。
- **在整车集成阶段**：需要在集成后整车层面或环境，即整车测试，对功能安全需求（FSR）进行验证。

那么在不同的集成子阶段，应该选择哪些功能或技术安全需求进行验证呢？

基本上来讲，在整个集成子阶段，每个功能安全需求（FSR）和技术安全要求（TSR）应该至少进行一次验证（尽可能通过测试），以保证测试的充分性。

一般来讲，功能或技术安全需求的验证或测试环境的选择，主要取决于两方面因素：

- 测试环境是否能实现安全需求所要求的测试内容。
- 测试的便利性和可执行性。

所以，在软硬件集成阶段，多对技术安全需求进行验证，而在整车集成阶段，多对功能安全需求（FSR）进行验证，而在系统集成阶段，二者都有。

当然，对于很多安全需求，只要测试环境允许，可以在所有的集成子阶段对其进行测试，例如，对于加速踏板信号相关的安全需求，即加速踏踏板信号是否通过硬件冗余、冗余采样、合理性校验等安全措施保证了其输出信号的正确性和 ASIL 等级，完全可以在三个集成子阶段进行测试验证，测试得越充分，可靠性越高。当然，随着测试环境的层级的增加，测试环境的灵活度可能会受到影响，毕竟在整车环境下很多测试条件比较难以实现或配置，这也会直接增加验证测试的周期和成本。

那应该采取哪些测试方法来对安全需求的正确实施进行测试呢？

如表 7.2 和表 7.3 所示，在软硬件集成和系统集成阶段，ISO 26262 推荐的集成测试方法基本相同，都包括了基于需求的测试、故障注入测试和背靠背测试，只是根据不同的 ASIL 等级，背靠背测试推荐的程度稍微有所不同而已。

其中，所谓的背靠背测试，其应用背景在于基于模型的开发（MBD），为了保证从模型到自动生成代码之间的可靠性，需要对软件实现的两个版本（模型和基于模型生成的代码）执行相同的测试集，并比较测试结果，如果测试结果存在不一致性,则软件的二者之一就可能存在故障。

在一般情况下,在软硬件集成阶段基本完成了从模型到代码的转化,所以在软硬件集成阶段,背靠背测试推荐程度较高,而在系统集成阶段,其集成测试工作多直接基于生成后的代码进行,所以背靠背测试的意义相对较小,所以推荐程度降低。

表7.2 软硬件集成阶段:技术安全要求在软硬件层面的正确执行[9]

	方法	ASIL 等级			
		A	B	C	D
1a	基于需求的测试	++	++	++	++
1b	故障注入测试	+	++	++	++
1c	背靠背测试	+	+	++	++

表7.3 系统集成阶段:功能安全和技术安全要求在系统层面的正确执行[9]

	方法	ASIL 等级			
		A	B	C	D
1a	基于需求的测试	++	++	++	++
1b	故障注入测试	+	++	++	++
1c	背靠背测试	o	+	+	++

对于整车集成而言,其测试方法见表7.4。背靠背测试方法已经不再适合整车级别测试,除了基于需求的测试和故障测试外,新增了长期测试和实际使用条件下的用户测试。

所谓的长期测试和实际使用条件下的用户测试,类似于来自现场经验的测试,将普通用户当作测试者,并不局限于之前规定的测试场景,而是在日常生活现实条件下进行实际测试。

为确保测试人员的安全,如果有必要,这类测试需要设定一些限制,例如,测试人员安全培训、额外的安全措施的使用或执行器能力快速终止。

表7.4 整车集成阶段:功能安全要求在整车层面上的正确执行[9]

	方法	ASIL 等级			
		A	B	C	D
1a	基于需求的测试	++	++	++	++
1b	故障注入测试	++	++	++	++
1c	长期测试	++	++	++	++
1d	实际使用条件下的用户测试	++	++	++	++

7.1.2.2 安全机制正确的功能性能、准确性和时序

安全机制，作为安全需求，尤其是技术安全需求（TSR）的重要组成部分，是保证产品功能安全的关键措施之一。

单个安全需求的正确实施并不能一定保证安全机制的正确实施，很多时候一个完整的安全机制都需要通过多个安全需求按照一定的执行顺序共同实施才能得以实现，所以对于安全机制而言，除了最基本的单个安全需求本身正确执行测试外，还需要对安全机制的性能、准确性和执行时序进行专门的测试。

在 MBD 开发背景下，背靠背测试依然是必不可少的测试方法，保证在模型层面正确工作的安全机制在软硬件集成及系统集成后的代码层面依然能够正常工作。

此外，性能测试、故障注入测试、错误猜想测试等也是安全机制在不同层级正确或准确执行的重要测试方法，其中，性能测试主要是对安全机制相关的性能指标进行测试，这些所谓的性能指标就是在定义安全机制时所附加的属性特征，且随着集成层级的不同测试重点有所区别，例如，在软硬件或系统集成层面，主要是验证安全机制的软硬件执行响应速度、执行时序等，而在整车集成层面，主要是测试安全机制故障响应时间间隔（FTTI）、车辆的可控性等。具体的测试方法见表 7.5~表 7.7。

表 7.5 软硬件集成阶段：安全机制在软硬件层面的正确功能性能、准确性和时序[9]

方法		ASIL 等级			
		A	B	C	D
1a	背靠背测试	+	+	++	++
1b	性能测试	+	++	++	++

表 7.6 系统集成阶段：安全机制在系统层面的正确功能性能、准确性和时序[9]

方法		ASIL 等级			
		A	B	C	D
1a	背靠背测试	o	+	+	++
1b	故障注入测试	+	+	++	++
1c	性能测试	o	+	++	++
1d	错误猜测法	+	+	++	++
1e	来自现场经验的测试	o	+	++	++

表7.7 整车集成阶段：安全机制在整车层面的正确功能性能、准确性和时序[9]

方法		ASIL 等级			
		A	B	C	D
1a	性能测试	o	+	+ +	+ +
1b	长期测试	+	+	+ +	+ +
1c	实际使用条件下的用户测试	+	+	+	+ +
1d	故障注入测试	o	+	+ +	+ +
1e	错误猜测法测试	o	+	+ +	+ +
1f	来自现场经验的测试	o	+	+ +	+ +

7.1.2.3 硬件故障探测机制在软硬件层面的有效性

硬件故障探测机制在软硬件层面的有效性，其实本质和上一部分安全机制正确的功能性能、准确性和时序测试一致，只不过考虑到硬件故障探测机制在整个安全机制正确工作中所发挥的重要性，单独对其进行有效性测试，因而这部分测试内容只存在于软硬件集成阶段，在实际执行过程中，完全可以和上一部分内容进行合并测试，具体见表7.8。

表7.8 软硬件集成阶段：硬件故障探测机制在软硬件层面的有效性[9]

方法		ASIL 等级			
		A	B	C	D
1a	故障注入测试	+	+	+ +	+ +
1b	错误猜测法测试	+	+	+ +	+ +

7.1.2.4 接口的一致性和正确实施

接口的一致性和正确实施测试是集成测试的重要内容，不管在哪个集成层级，都需要根据软硬件接口（HSI）保证各方开发的软硬件组件及系统接口正确，能够正确通信，在不同的层级采用的测试方法基本一致，具体见表7.9～表7.11。

表7.9 软硬件集成阶段：外部和内部接口在软硬件层面执行的一致性和正确性[9]

方法		ASIL 等级			
		A	B	C	D
1a	外部接口测试	+	+ +	+ +	+ +
1b	内部接口测试	+	+ +	+ +	+ +
1c	接口一致性检查	+	+ +	+ +	+ +

表7.10 系统集成阶段：外部和内部接口在系统层面执行的一致性和正确性[9]

方法		ASIL 等级			
		A	B	C	D
1a	外部接口测试	+	++	++	++
1b	内部接口测试	+	++	++	++
1c	接口一致性检查	+	+	++	++
1d	通信和交互测试	++	++	++	++

表7.11 整车集成阶段：整车层面内外部接口实现的正确性[9]

方法		ASIL 等级			
		A	B	C	D
1a	外部接口测试	+	+	++	++
1b	内部接口测试	+	+	++	++
1c	通信和交互测试	+	+	++	++

7.1.2.5 足够的鲁棒性

鲁棒性测试一般属于极限性测试或者是系统的容错性测试，主要用于测试当组件存在异常输入和处于苛刻环境条件下（例如，高负荷、极限温度）能否保持正常工作，具体见表7.12～表7.14。

表7.12 软硬件集成阶段：在软硬件层面的鲁棒性水平[9]

方法		ASIL 等级			
		A	B	C	D
1a	资源使用测试	+	+	+	++
1b	压力测试	+	+	+	++

表7.13 系统集成阶段：系统层面的鲁棒性水平[9]

方法		ASIL 等级			
		A	B	C	D
1a	资源使用测试	o	+	++	++
1b	压力测试	o	+	++	++
1c	特定环境条件下的抗干扰性和鲁棒性测试	++	++	++	++

表7.14 整车集成阶段：整车层面的鲁棒性水平[9]

方法		ASIL 等级			
		A	B	C	D
1a	资源使用测试	+	+	++	++
1b	压力测试	+	+	++	++
1c	特定环境条件下的抗干扰性和鲁棒性测试	+	+	++	++
1d	长期测试	+	+	++	++

7.2 安全确认（Validation）

一旦完成系统即相关项的集成和测试，系统开发工作进入尾声，即安全确认（Validation）。和安全验证（Verification）不同，验证（Verification）针对的是过程，确认（Validation）针对的是结果。

对于汽车功能安全开发而言，所谓的结果就是汽车产品必须满足概念开发阶段提出的最初安全目标（SG）的要求，而所谓的过程就是，为了实现功能安全目标（SG），从概念阶段到系统开发，然后进行软/硬件组件开发，最后依次进行集成。过程的正确实施是导致结果发生的必要前提，但非充分条件，所以除了对开发过程的安全验证（Verification）外，还必须对最终的结果进行安全确认（Validation），并提供充分证据，确保在概念开发阶段所提出的整车层面的安全目标（SG）得以充分实现。

那如何进行安全确认（Validation）呢？

安全确认（Validation）的主要途径是针对安全目标及对应ASIL等级的整车级别的车辆测试，而ASIL等级本身是在HARA过程通过严重性（S）、暴露度（E）、可控性（C）这三个参数确定，其中严重性和暴露度都可以通过定量或定性分析直接确定，而可控性（C）的确定相对较为困难，会直接影响危害是否最终产生，在概念开发阶段一般通过仿真或者其他辅助性数据对其进行确定，所以在安全确认（Validation）的过程中必须对可控性（C）进行实际测试，通过根据相应的可控性接受准则进行评估，完成对ASIL等级的确认。

例如，对于制动系统，在危害严重的车辆运行场景下，制造系统故障，在故障产生后特定时间内，将车辆前进的距离作为可控性接受准则，并且可以进一步对前进的距离进行分类，指定特定的可控性等级。

此外，在概念阶段可能还涉及一些外部措施的假设，在安全确认过程中也必须对这些外部措施的有效性进行测试确认。

当然，除了通过基于特定测试用例的整车测试进行安全确认外，也可以通过定性安全分析方法（例如，FMEA，FTA）、长期测试或者安全评审等手段进行安全确认。

第8章

功能安全管理

功能安全管理属于 ISO 26262-2：2018 内容，主要是对功能安全的产品全生命周期的开发活动进行管理，如图 8.1 所示。

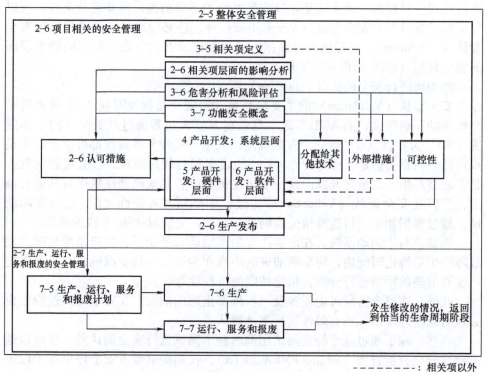

图 8.1　功能安全管理内容[11]

功能安全管理涉及安全生命周期内所有安全活动的管理，其关键的安全管理任务是计划、协调和追踪与功能安全相关的活动，具体包括：
- 整体安全管理。
- 在概念阶段及在系统、硬件和软件层面产品开发阶段的项目相关的安全管理。
- 生产、运行、服务和报废的安全管理。

安全管理和项目管理类似，只不过考虑到产品功能安全的重要性，一般由独立的安全经理负责对 ISO 26262 规定的各个开发及生产运行等阶段对应活动进行计划、管理、追踪。当然，在很多公司，为了降低人员成本，安全经理直接由项目经理兼任。

对于大部分工程师而言，开发内容并不涉及生产、运行、服务和报废这些安全活动，所以本章主要关注前两部分安全管理内容。

8.1　整体安全管理

所谓的整体安全管理，即独立于具体项目外的基本功能安全管理内容，旨在结合企业文化，建立起功能安全相关组织、流程等，创造安全活动实施的环境，为具体项目的功能安全实施提供基本条件，具体包括：
- 建立并维护功能安全文化。
- 建立并维护安全异常管理的流程。
- 对参与人员能力管理。

8.1.1　安全文化

安全文化是个很广泛的概念，也是企业文化的重要组成部分，体现了企业对功能安全相关活动的重视程度、为此所创造的安全开发环境及在企业层面采取的应对措施。

虽然近几年大部分车企对功能安全重视程度不断提高，也有 ISO 26262 作为实施指导，但各车企功能安全实施情况各不相同，很多企业还是处于探索阶段，甚至都没有专门的功能安全组织架构，功能安全多是空口号，为快速占有市场，企业更在意用户可以直观感受到的动力性能、外观、内饰是否豪华、显示屏幕是否够大等具体功能实现。

功能安全问题虽然是相对小范围事件，但当大批量汽车产品暴露在各种各样的驾驶环境和习惯下，安全问题就更容易暴露出来，由此带来消费者信任危机，从而导致销量下降，严重的可能会导致重大召回事件，对汽车形象和利润也会产生很大的负面影响。

企业如何建立安全文化呢？可以从以下几个方面着手：

✓ 企业应建立安全相关的组织架构，保证有相应的人力和物力资源实施功能安全相关活动。

✓ 企业应建立专门规章和流程，以实现且维护功能安全并符合ISO 26262要求。

✓ 组织应创造、培育并保持安全文化，以支持并鼓励有效实现功能安全。

✓ 组织应建立并维护安全领域，包括功能安全、预期功能安全、信息安全及为实现功能安全相关的其他领域之间的有效沟通渠道。

安全文化的建立，并不是空口号，尤其是组织架构和研发流程的建立非一朝一夕，需要和企业内部研发流程相结合并持续优化：

- 对小公司来讲，生存是首要任务，功能安全实施耗时耗力，安全文化很难落地，更多的只能依靠优秀个体或团队的经验，对产品可能存在较大的风险重点把控，展开相应的功能安全开发活动。
- 对于大公司而言，随着业务增加，组织复杂化，安全文化建立必不可缺，需要将安全文化融入自身组织架构及研发流程当中，不为流程而做，合理规划安全开发活动，优化开发流程，走出自己的一条功能安全路线。

8.1.2 功能安全异常管理

在整个产品生命周期，在产品功能安全活动实施过程中，难免会遇到一些异常情况，例如，某活动阶段工作输出结果缺失或错误，或供应商临时更换等，这就需要相应的异常管理机制，对功能安全相关的异常情况进行有效识别、管理、解决及关闭，具体包括：

- 有异常沟通、传达渠道。
- 异常建立、维护、解决、关闭流程。

只有通过充分安全措施解决了异常情况，并得到有效验证，或者异常本身不构成不合理风险才能够关闭异常。

8.1.3 能力管理

人作为功能安全活动的执行者，其专业及技术能力直接决定了产品功能安全落地效果，所以企业有义务对其能力进行管理，包括内外部培训、招聘有经验的功能安全工程师、项目咨询等，确保执行安全生命周期活动的人员具有与其职责相匹配的技能水平、能力和资质。

8.2 项目相关安全管理

整体安全管理是基础，而项目相关的安全管理涉及项目具体操作，主要是用于指导整个项目运行过程中不同阶段安全活动的开展。

根据 ISO 26262-2：2018，项目相关的安全管理主要包括以下几个方面内容：
- 安全活动管理角色和任务分配。
- 相关项层面的影响分析。
- 现有要素的复用。
- 安全活动的裁剪。
- 安全计划指定、协调、追踪。
- 安全档案。
- 认可措施。
- 认可评审。
- 功能安全审核。
- 功能安全评估。

这个分类相对比较琐碎，为了更好理解，我们可以将这些内容可以归为四类。

8.2.1 安全活动管理角色和任务分配

这个比较好理解，在每个相关项产品开发的启动阶段应指定一名项目经理或者安全经理，负责整个安全活动的计划、协调和任务分配。

8.2.2 安全活动影响分析

现有汽车产品开发大多不是零基础开发，多可以复用以往项目内容和经验，以此来降低项目成本和周期，这同样也适用于功能安全开发。

安全活动影响分析本质就是根据现有项目的安全需求，通过影响分析手段，识别以往哪些项目内容，以及在多大程度上可以进行复用。

一般来讲，安全活动影响分析分为两个层面：
- 相关项层面的影响分析

安全生命周期开始，主要是针对相关项层面的影响分析，以确定相关项是全新开发，或是对现有相关项的修改，还是对现有相关项的使用环境的修改。即从整体的角度，确定项目开发类型，大体判断以往哪些项目开发内容可以复用以及修改措施。

- 现有要素复用

现有要素的复用多在相关项层面影响分析之后，属于相关项内部要素层面的影响分析，包括软件要素复用、硬件要素复用，需要具体分析是否需要对复用要素进行修改以及如何修改。

对于现有要素复用影响分析，还需要进一步提供以下复用证明：

— 满足软件组件的鉴定，具体见 ISO 26262-8：2018 第 12 章。
— 满足硬件要素的评估，具体见 ISO 26262-8：2018 第 13 章。
— 满足在用证明，具体见 ISO 26262-8：2018 第 14 章和 ISO 26262-10：2018 第 10 章。
— 独立于环境的安全要素（SEooC），具体见 ISO 26262-10：2018 第 9 章。

8.2.3 安全计划

安全计划用于计划和协调组织所参与的功能安全活动，无非就是在项目之初，系统地计划在功能安全开发不同的阶段，什么角色、在什么时间节点、应该负责什么活动，主要输出结果有哪些，应该满足什么要求，并和整个项目计划相匹配。

具体而言，安全计划主要包括以下内容：
- 将独立于项目的安全活动应用到特定的项目安全管理中。
- 安全活动裁剪。
- 符合 ISO 26262-3：2018、ISO 26262-4：2018、ISO 26262-5：2018、ISO 26262-6：2018 要求的不同开发阶段的安全活动。
- 支持过程的计划。
- 符合 ISO 26262-3：2018、ISO 26262-4：2018、ISO 26262-5：2018、ISO 26262-6：2018 和 ISO 26262-8：2018 第 9 章要求的集成和验证活动计划，及根据 ISO 26262-4：2018 第 8 章的安全确认活动计划。
- 符合 ISO 26262-3：2018、ISO 26262-4：2018、ISO 26262-5：2018、ISO 26262-6：2018、ISO 26262-9：2018 第 7 章及第 8 章要求的相关失效分析、安全分析活动的计划。
- 如果适用，提供候选项在用证明。
- 如果适用，提供所使用软件工具的置信度。
- 认可措施安排。

安全计划一般由安全经理完成，ISO 26262 并没有给出具体的安全计划模板，在实际操作中，可结合上述标准内容，制定项目通用的安全计划模板，系统地计划规范功能安全开发活动，然后针对不同的项目实际情况，将模板中的安全开发活动和项目节点相关联，形成和具体项目相关的安全计划。

需要注意的是，安全计划需要充分考虑安全活动影响分析的结果，根据实际情况对参考的生命周期中规定的安全活动进行裁剪，省略或者修改某一安全活动，并应给出理由说明为什么剪裁对于实现功能安全来说是恰当且充分的。

8.2.4 安全认可措施

为了保证功能安全开发活动的有效性，需要对安全活动各阶段重要的工作成果及流程进行安全认可，提供充足并令人信服的证据，证明其对实现功能安全的贡献，这就是所谓的安全认可措施（Confirmation Measures）。

根据 ISO 26262-2：2018，安全认可措施（Confirmation Measures）包括三个维度：

- 认可评审（Confirmation Review）。
- 功能安全审核（Functional Safety Audit）。
- 功能安全评估（Functional Safety Assessment）。

很多朋友搞不清它们之间的区别，甚至误认为认可措施就是认可评审，它们三者主要区别见表 8.1。

表 8.1 三种安全认可措施（Confirmation Measures）主要区别

安全认可措施	认可评审 （Confirmation Review）	功能安全审核 （Functional Safety Audit）	功能安全评估 （Functional Safety Assessment）
认可对象	工作输出产物，包括： - 相关项影响分析 - 危害分析及风险评估 - 安全计划 - 功能安全方案 - 技术安全方案 - 集成和测试策略 - 安全确认规范 - 安全分析，相关失效分析 - 安全文档	工作流程	相关项
目的	检查工作输出产物是否满足 ISO 26262 相应的要求（正确性、完整性、充分性、一致性）	审核安全活动是否按照 ISO 26262 所要求的流程被执行	判断相关项是否实现了功能安全，或判断对功能安全实现的贡献
ASIL 等级范围	所有 ASIL 等级	应用于 ASIL（B）、C、D 的相关项或要素安全需求	应用于 ASIL（B）、C、D 的相关项或要素安全需求

总而言之：

✓ 认可评审（Confirmation Review）和功能安全审核（Functional Safety Audit）分别是工作输出成果和流程的检查，和验证（Verification）类似，判断其是否满足 ISO 26262 规范要求，并不关心所实施的安全措施是否能够保证产品功能安全。

✓ 功能安全评估（Functional Safety Assessment）则是对结果有效性的检查，和确认（Validation）类似，只不过是通过评审的方式进行，判断通过相应安全措施的实施，最初定义的功能安全目标在相关项层面是否能够满足。

✓ 功能安全评估（Functional Safety Assessment）需要考虑认可评审（Confirmation Review）和功能安全审核（Functional Safety Audit）输出结果，进行综合判断。

除此之外，ISO 26262 - 2：2018 还对认可措施的独立性有所要求，ASIL 等级越高，所对应的认可执行者的独立性要求越高（包括 I0 - I3），认可措施部分内容见表 8.2。

表 8.2 安全认可措施（Confirmation Measures）独立性要求示例

认可措施	应用于以下的独立性程度[a]					范围
	QM	ASIL A	ASIL B	ASIL C	ASIL D	
相关项层面对于影响分析的认可评审 独立于影响分析的责任者和项目管理	I3	I3	I3	I3	I3	判断按照 6.4.3 进行的影响分析是否正确识别了相关项是新相关项、对现有相关项的修改或是环境变化的现有相关项 判断按照 6.4.3 进行的影响分析是否充分地识别了各种变化引发的功能安全影响，以及要执行的安全活动
危害分析和风险评估的认可评审 独立于相关项开发人员、项目管理和工作成果责任者	I3	I3	I3	I3	I3	判断与危害事件相关的运行场景的选择和危害事件定义是否适当 判断已确定的 ASIL、对于相关项识别的危害事件的质量管理（"QM"）评级和导致没有 ASIL 的参数（例如 C0/S0/E0）是否正确

其中：

- I0：宜执行认可措施；但如果执行，应由与负责创建工作成果的人员不同的人员执行。

- I1：认可措施应由与负责创建工作成果的人员不同的人员执行。

- I2：认可措施应由独立于负责创建工作成果的团队的人员执行，即由不向同一个直接上级报告的人员执行。

- I3：认可措施应由在管理、资源和发布权限方面与负责创建对应工作产品的部门独立的人员执行。

第9章

功能安全专题

本章内容主要是针对功能安全剩余或核心的支持内容以小专题进行呈现。

9.1 外部措施

在功能安全分析过程中,很多朋友搞不清:
- 什么是外部措施?
- 外部措施可以降低 ASIL 等级吗?
- 外部措施为什么能够降低 ASIL 等级?

这篇以问答的形式,专门聊聊外部措施,回答朋友们的疑问。

9.1.1 什么是外部措施

所谓外部措施是指在相关项边界外减少或减轻相关项故障行为造成的潜在危害的措施。

关于外部措施定义需要注意以下几点:

✓ 外部措施必须存在于所定义的相关项外部,这也是"外部"一词的体现。

✓ 外部措施可以是车内或车载装置,例如,车辆稳定控制系统或防爆轮胎、安全气囊等,也可以属于车外装置,如防撞护栏或缓冲带等。

✓ 外部措施是相对的,会随相关项定义不同发生变化,例如,对于传动系统而言,车辆稳定控制系统(ESP)属于外部措施,但对制动系统则不是。

需要注意外部措施和在 HARA 评估过程中相关合理假设的区别。

例如，假设驾驶员处于正常的状态（例如，驾驶员不疲劳），接受了恰当的驾驶员培训（有驾驶执照）并且遵守相关的法律法规，有义务尽可能避免为其他交通参与者带来风险，这些都属于正常假设，非外部措施，不会因相关项定义不同而发生变化，也不会减少或减轻相关项可能出现的故障行为造成的潜在危害。

9.1.2 外部措施可以降低 ASIL 等级吗

答案是肯定的，外部措施可以在危害分析和风险评估过程中，降低危害事件的 ASIL 等级，进而降低安全目标的 ASIL 等级。

但需要注意的是，外部措施必须独立于相关项实施的功能，独立性是应用外部措施的基本要求，否则不能在 HARA 中考虑。

例如，车辆发生非预期移动时，相关项定义为传动系统，此时自动变速器驻车功能，或者档位和离合器的接合，可以有效防止车辆移动，但这些措施都和传动系统直接相关，属于相关项内部内容，不符合独立性要求，不可作为外部措施。

9.1.3 外部措施为什么能够降低 ASIL 等级

这个问题可以从两个角度回答：

- **从 ASIL 等级评估角度讲**

ISO 26262 中严重性（S）、暴露度（E）、可控性（C）这三个参数直接决定了 ASIL 等级，外部措施能够降低 ASIL 等级，无非就是降低危害事件风险评估中 S、E、C 这三个参数中某个或某些参数的取值，一般来说外部措施对 S 和 C 值影响较大，E 值多和运行场景相关，外部措施基本很难改变。

例如，路边防碰撞栏杆、安全气囊的存在可以降低车辆发生碰撞时对驾驶员和乘客的伤害程度，因此降低了 S 值。

由于车辆稳定控制系统的存在，可以有效增加车辆发生非预期加速或减速时驾驶员对车辆的可控性，因此降低了 C 值。

- **从外部措施应用的本质上讲**

外部措施降低安全目标 ASIL 等级的本质是 ASIL 等级分解，这也是应用外部措施时对其独立性要求的原因。

外部措施的应用无非就是，通过 ASIL 等级分解，将一个高的 ASIL 等级降级分配给相关项内部和独立于相关项的外部的两个安全需求。

那既然这样，外部措施应用除了独立性外，为什么还有外部存在这个要求呢？

主要原因在于外部措施多用于降低安全目标 ASIL 等级的假设，只有外部存在的独立措施不会在后续安全分析中再次被作为降低风险的措施，而内部安全措施是实现 ASIL 等级的必要条件，不能被重复考虑。

9.1.4　实施外部措施在后续功能安全开发中的注意事项

一旦确定要实施外部措施，则在后续系统开发过程中，必须和外部措施所处的相关部门进行接口对接和确认，具体需要注意以下事项：

✓ 如果在危害分析和风险评估过程中考虑了外部措施（如降低安全目标的 ASIL 等级），则在后续安全分析中不能再次重复认为此外部措施是减少风险的途径之一。

✓ 在后续功能和技术安全方案中，需要明确外部措施的功能和技术需求，包括接口、功能特性等。

✓ 外部措施作为一种降低 ASIL 的技术假设，在安全确认活动期间需要提供证据证明外部措施的充分和可靠性。

9.2　ASIL 等级分解

ASIL 等级无疑是汽车功能安全最重要的概念之一，它是相关项潜在危害的风险量化指标，共包含四个等级，即 A、B、C、D，以及 QM，其中 A 是最低的安全等级，D 是最高的安全等级，ASIL 等级越高，危害的风险越大，QM 为符合正常质量管理即可。

ASIL 等级贯穿整个相关项的开发，最初作为安全目标（SG）的安全属性要求，随着从概念到系统再到硬件和软件的开发，ASIL 等级由后续每个安全要求来继承。

从本质上来讲，ASIL 安全等级的高低直接决定了系统的安全性要求的高低，ASIL 等级越高，意味着为实现相应的安全需求需要付出更高的代价，需要遵循更严格的开发流程、更高的硬件概率化度量指标，这会直接导致开发成本的增加、开发周期的延长，甚至有时候因为技术原因，无法满足相应的 ASIL 等级。为此，ISO 26262 提出了在满足安全目标的前提下，通过对 ASIL 等级进行合理分解，进而降低 ASIL 等级的要求。

9.2.1　ASIL 等级分解的意义

ASIL 等级分解，顾名思义就是将一个高的 ASIL 等级，在满足一定的前提下，将其分解为两个较低的 ASIL 等级，在 ISO 26262 中，针对每个 ASIL 等级，定义了如表9.1所示的分解的可能性。

表9.1　ASIL等级分解可能性

ASIL 等级	ASIL 分解可能性
ASILD	• ASIL D（D）　+ QM（D） • ASIL C（D）　+ ASIL A（D） • ASIL B（D）　+ ASIL B（D）
ASILC	• ASIL C（C）　+ QM（C） • ASIL B（C）　+ ASIL A（C）
ASILB	• ASIL B（B）　+ QM（B） • ASIL A（B）　+ ASIL A（B）
ASILA	• ASIL A（A）　+ QM（A）

其中：

— 对应ASIL D、C、B等级，一个ASIL等级对应多种分解可能性。

— ASIL等级分解有特定的标记方式，应通过在括号中给出原有的ASIL等级，对每个分解后的ASIL等级做标注，以此保证ASIL等级开发的连续性。

接下来，关于ASIL分解表格相关的一些常见疑问进行汇总，以问答形式进行解释。

从ASIL等级分解表中可以看出，基本的分解形式可以分为两大类：

• 自身+QM。
• 两个低的ASIL等级。

两个低的ASIL等级很好理解，这个也是ASIL分解的初衷，降低原有开发的难度，**但为什么需要自身+QM的分解形式呢？**这样不是反而增加了QM部分的开发内容吗？

具体原因如下：

— 当我们复用没有按照ASIL标准开发的遗留代码时（且鉴定它也不是一件容易的事）。

— 当我们使用不符合ASIL标准的第三方组件时（组件认证难度大，或不再可能）。

— 当一个组件的SW复杂性很高，以至于按照ASIL标准开发它的成本过高。

— 当SW开发与SW工具紧密结合时，在这种特殊情况下，即使是SW工具也必须按照ASIL标准开发，或者必须通过工具鉴定过程。

— 当有一个系统功能安全内容分散在多个微控制器中，在这种情况下，进行自身+QM 的分解并将 ASIL 限制在其中一个微控制器上有利于开发。

此外，为什么在 ASIL 等级分解表格中**每个 ASIL 等级被分解成两个较低或原有 ASIL 等级+QM，而不是三个或以上呢？**

虽然在 ASIL 分解可能性表格中，每个 ASIL 等级均被分解为两个较低或自身+QM 的 ASIL 等级，但实际上，它们只是最根本的 ASIL 分解形式，只要满足 ASIL 分解前提，我们可以将 ASIL 等级无穷级分解。例如，对于 ASIL D = ASIL C（D）+ ASIL A（D），分解后的两个部分，如果依然满足分解前提，那我们可以将其中 C 和 A 的部分，根据 ASIL C 和 A 的分解可能性，进行进一步的分解，直至不能分解为止。

所以，表 9.1 中所列的分解形式，只是所有分解形式中最少且最基本的分解可能性，依据这些分解形式我们可以拓展到其他所有可能的三个或以上的分解形式中。

为了方便理解和记忆，所有形式的 ASIL 分解可以利用以下简单的数学公式进行描述：

QM（X）利用 0 代替；
ASILA（X）利用 1 代替；
ASILB（X）利用 2 代替；
ASILC（X）利用 3 代替；
ASILD（X）利用 4 代替；

那么分解后的 ASIL 等级数值必须等于分解之前的等级数值，即 ASIL 分解#1（X）+ ASIL 分解#2（X）= ASIL#3 X。

例如：

ASIL D = ASIL B（D）+ ASIL B（D），相当于 4 = 2 + 2。

ASIL C = ASIL C（C）+ QM（C），相当于 3 = 3 + 0。

ASIL C = ASIL A（C）+ ASIL A（C）+ ASIL A（C），相当于 3 = 1 + 1 + 1。

既然一个 ASIL 等级对应一个或一个以上的分解可能性，那应该如何选择不同的 ASIL 等级分解的可能性呢？

理论上来讲，只要满足 ASIL 等级分解前提，可以选择任意一种分解方式，在实际操作中：

• 如果被分解后的对象，只能实现某个特定的 ASIL 等级，那么我们只能选择满足这个 ASIL 等级的分解形式。

例如，对于一个 ASIL D 的安全需求，被分解后的某个传感器信号，最高只能实现 ASIL B 的需求，那么在这种情况下，ASIL D 的安全需求只能分解为两个 ASIL B 的安全子需求。

• 如果被分解后的对象，可以实现多个 ASIL 等级，我们一般会选择最利于或最容易实施的分解形式。

例如，对于一个 ASILD 的安全需求，被分解后的某个传感器信号最高可以实现 ASILD 的需求，那么在这种情况下，可以在 ASIL D 对应的所有分解可能性中选一种从企业现有技术角度最容易实现或实施成本最低的方式即可。

- 如果分解后的安全需求需要分配至相关的安全机制和正常功能实现，则较高的 ASIL 等级比较适合分配至安全机制，因为和正常的功能实现相比，安全机制往往具有较低的复杂度和较小的代码规模，更易实现。

是什么决定了 ASIL 等级分解的不同可能性，例如，为什么 ASIL D = ASIL C(D) + ASIL A(D)，而不是 ASIL C(D) + ASIL B(D) 呢？

这个是个很复杂的问题，至少到目前为止，个人没有看到比较合理的解释。

虽然有些朋友从硬件概率化度量指标的角度出发，试图解释 ASIL 等级分解可能性，即通过不同 ASIL 等级的单点失效率（SPFM）之间的等效计算，来解释 ASIL 分解形式。

例如，根据 ISO 26262-5：2018 单点失效度量指标要求，ASIL D：SPFM≥99%，ASIL B：SPFM≥90%，由于 ASIL D 对应的单点失效率（SPFM）99% 可以根据发生可能性分解为 1-(1-90%)×(1-90%)，因此，认为 ASIL D 可以分解为两个 ASIL B。

但这个解释过于片面，主要原因在于：

- 一方面，不能根据 ASIL 等级分解，通过类似的计算导出其他硬件概率化度量指标要求，这个解释只适用于 SPFM。
- 另一方面，ASIL 等级除对硬件概率化度量的定量约束外，更多的是和开发流程相关的定性约束，而这些针对不同 ASIL 等级的定性约束，没有办法从定量的角度进行描述和分解。

所以，个人认为 ASIL 等级的分解形式更多的是**定性**分析得出的结论，主要是为了降低功能安全开发的难度，尤其是企业在面临现有技术能力、成本等制约因素时，通过 ASIL 等级分解，使得产品整体上仍然能够实现较高的安全等级，满足功能安全需求。

9.2.2 ASIL 等级分解的前提

ASIL 分解本质概念是冗余，冗余的本质就是独立性，所以独立性是 ASIL 等级分解的前提，所谓的独立性就是分解后的两个需求，既不存在级联失效，也没有共因失效的问题。相比免于独立干扰 FFI（不存在级联失效），独立性的要求更为广泛，具体区别见 4.7 节内容。

独立性需要通过相关失效分析（Dependent Failure Analysis，DFA）证明。

从失效的类型来看，失效可以分为单点/双点、残余/潜伏等不同的类型的失效，但究其失效原因，可能是由要素个体原因导致的相对独立的失效，即特定的原因只会导致特定的单一失效，但导致失效的原因也可能存在相关性，例如，由一个共同原因直接导致两个或两个以上的失效产生，或一个要素失效导致其他要素相继失效。

这些彼此相关的、非独立的失效，其分析过程相对较为复杂，常规的安全分析不容易被直接识别出来，但它一旦发生，就会引发一连串（至少两个）的失效，失效影响非常严重，所以需要对其特别对待，对常规的安全分析进行补充，相关失效分析由此产生。相关性失效分析目的在于分析不同要素是否存在潜在相关影响或者共同的引发因素，即共因失效或级联失效，确认设计中已经充分实现了要求的独立性或免于干扰。

相关性失效分析是比较复杂的过程，根据 ASIL 分解对象的层级，可以涉及各个开发阶段，包括软件、硬件、系统，甚至概念开发阶段等，ISO 26262 - 11：2018 中给出了相关性失效分析的流程（图 9.1）和实例分析。

总体来讲，相关失效分析主要包括以下三个大的步骤：

- **分析要素和失效源识别**

该步骤是相关失效分析的基础，也是重要的核心步骤之一，根据系统复杂度不同，ASIL 等级要求不同，我们可以通过不同的方式和方法来进行，但总体而言，所采用的方法可以归为两大类：

方式一：利用架构，依据相关失效源列表（CheckList），识别相关失效源

该方式也是上图所阐述的相关失效分析方法，其优点在于不需要借助完整的安全分析，适用于对于比较简单或者熟悉的分析对象，或者 ASIL 等级较低的系统（ASIL A 或 B）。

根据经验或已有的失效模式，首先识别架构中相关失效分析要素，然后对照下面给出的相关失效源列表（CheckLsit），根据其适用性，找出架构中要素存在的失效源即可。

不管是共因失效，还是级联失效，其失效的原因在于不同的失效之间存在共同或根本的失效源，除制造、安装和生产中产生的相关失效外，在开发过程中的主要失效源可以归类为：

- 共享资源的失效。

例如：共享时钟信号，内存共享，复位信号共享，共同的信号采集或传输模块（ADC，CAN，SENT 等），共享软件功能等，这也是相关失效最主要的失效源。

举个简单的例子，车速信号一般由车辆稳定控制单元（ESP）提供，通过 CAN 通信，传输并应用于其他控制单元，一旦车速采集单元或传输单元发生失

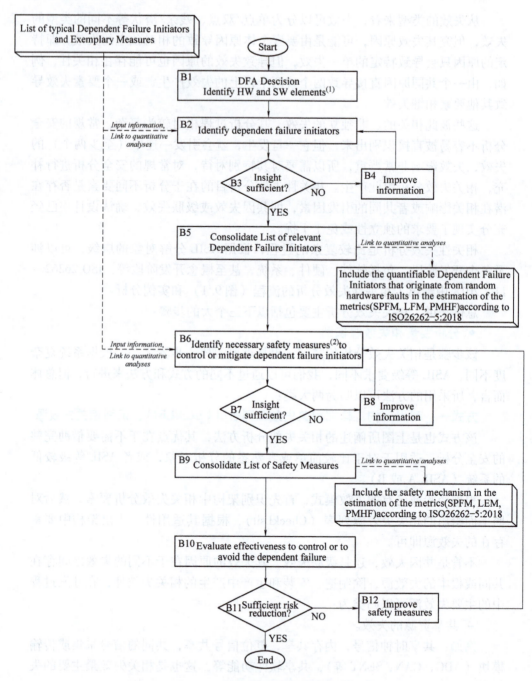

图 9.1 相关性失效分析流程[6]

效，则可能直接导致其他相关功能错误，产生共因失效的问题。

– 单个物理性根本原因。

例如：短路，卡滞，过压。

– 环境类故障。

例如：温度、压力、湿度、电磁干扰、老化、磨损等因素。

– 开发类故障。

例如：系统性设计错误，包括需求、设计、实施有误等。

如果系统安全架构详细程度不足以支撑对以上内容进行分析，则最好需要对其进行丰富，直至满足需求为止。

经过此步骤分析，最终需要输出可能会产生相关失效的要素组列表和对应的具体失效源。

需要注意的是，采用该方式得到的相关失效分析结果非常依赖安全架构的颗粒度、分析者经验及要素分析的详尽程度，对于比较复杂的系统，操作难度大，分析结果可能存在不够完整的问题。

方式二：基于现有安全分析结果进行相关失效分析

对于比较复杂的要素，或 ASIL 等级要求比较高的系统（ASIL C 和 D），一般都要求进行双重安全分析，即 FMEA 和 FTA。对于这种情况，可以基于现有的安全分析结果对相关失效问题进行分析。

对于 FMEA：

可以在系统、软件或硬件组件进行功能和失效分析时，额外考虑相关失效影响，根据失效源列表（CheckList）考虑每个要素是否为潜在的相关失效源，该要素是否会影响其他要素，找出可能被影响其他要素，并进行失效影响分析。

基于 FMEA 的相关失效分析，本质上和方式一类似，只不过借助 FMEA 分析过程，可以使得相关失效分析过程更加便于操作，分析结果也更为全面和完整。

对于 FTA：

可以利用 FTA 安全分析结果，根据故障树模型，对底层事件的 Cut Set 进行分析，不同的 Cut Set 代表了不同类型的失效，其中：

– **共因失效**：是指在系统中，多个部件或子系统由于相同的原因而同时失效的情况。

从 FTA 故障树模型的角度来讲，就是一个底层事件在故障树的不同分支中多次出现，即相同的失效会导致其他多个失效的产生。除资源共享外，这种失效模式也可能是由于相同的设计缺陷、材料问题、制造工艺问题、环境因素等造成的。

– **级联失效**：是有一个根本原因导致的串联型失效，多针对免于要素的干扰情况，防止 QM 或低 ASIL 等级应用等级要素故障蔓延或影响到其他高 ASIL 等级要素。

从 FTA 故障树模型看，就是故障树的单个分支中某个环节出现问题，导致从这个节点开始以上的功能单元产生一连串的失效问题，如果发生失效的节点为底层事件，那么底层事件即为构成级联失效的根本原因。

在具体的分析过程中，可以通过割集分析，考虑 Cut Set ≥ 1 的失效类型及其组合情况，在功能安全中 Cut Set ≥ 3 的失效，理论上发生概率低，且考虑到其复杂性，一般在功能安全中被定义为安全失效，Cut Set ≥ 3 的失效虽然不是安全分析的重点，但却需要进行相关失效分析，不过由于其发生概率低，相应的相关失效分析的工作量也不大。

针对提供要素免于干扰（FFI）和 ASIL 等级分解独立性要求（Independence）的证据，基本上到此就可以结束，只要分析要素或被分解的对象之间不存在相关失效源，则表明了它们之间的免于要素干扰或独立性证据，否则不满足，后续步骤主要是对新识别出的相关失效问题进行优化和评估。

- **安全措施制定**

根据上一步骤识别得到的相关失效源，制定相应的安全措施，这里的安全措施主要包括：

1）防止级联失效的安全措施，即免于要素干扰 FFI 的措施，包括免于时序干扰，内存干扰，信息交换干扰的安全措施，具体而言见 6.3.4 小节内容。

2）防止共因失效的安全措施，主要针对 FTA 分析结果中识别出的相同的底层事件，基本上都是不同的要素存在共同的输入信息，一般情况下，该输入信息都具有较高的 ASIL 等级，安全措施主要就是保证该输入信息能够实现相应的 ASIL 等级，例如，冗余采集、冗余供电、合理性检验等安全机制。

残余风险评估

一旦制定并实施相应防止相关失效安全措施后，需要对其有效性，以及相关失效残余风险进行评估，这里的评估可以是定性或定量评估：

— 针对硬件要素，可以直接采用硬件度量化或者安全机制失效模式覆盖率等直接评估即可。

— 针对软件要素，则多进行定性评估，以安全分析或者评审方式进行。

如果残余风险过大，则需要重复以上步骤，进行二次相关失效分析，直至相关失效残余风险足够低。

9.2.3 ASIL 等级分解注意事项

ASIL 分解除了独立性前提要求外，在实际操作中还存在一些特别需要注意的事项：

- **ASIL 分解不改变硬件在相关项或安全目标层面的概率化度量指标要求。**

例如，将一个 ASILD 安全需求分解成 B(D) + B(D) 并将其分配给两个独立的硬件要素。在这种情况下，这两个硬件要素，在硬件开发过程中，违反安全目标的概率化度量指标（即 SPFM、LFM 以及 PMHF）必须达到分解前 ASILD 对应的要求，而非分解后的 ASILB。

从实施的角度来看，这意味着 ASIL 等级分解本身并没有改变硬件随机失效的诊断覆盖率在安全目标或相关项层面的要求。

既然这样，那 ASIL 等级分解给硬件开发带来了什么好处呢？主要包括以下内容：

— 降低硬件系统性失效对应的开发难度。

ASIL 等级的分解虽然不能降低硬件要素违反安全目标的概率化度量指标要求，但硬件开发和软件开发一样，本身也存在系统性失效，硬件要素 ASIL 等级分解同样降低了硬件组件开发的难度。

例如，不同 ASIL 等级对应的硬件架构设计原则、硬件设计验证等相应开发要求。

— 降低硬件组件本身的不同硬件失效对应的安全机制的诊断覆盖率要求。

看到这里很多朋友可能会产生疑惑，不是 ASIL 分解不改变硬件失效度量指标要求吗？

首先，需要明确的是，ISO 26262 - 5：2018 对硬件随机失效概率化度量指标（即 SPFM、LFM 以及 PMHF）是针对违反安全目标的要求，即相关项层面的整体性要求，非硬件组件层面的要求，即不管相关项内部、系统或组件 ASIL 等级是否分解，以何种形式进行分解，针对安全目标或相关项这个整体而言，最终的硬件随机失效的概率度量指标必须满足原有要求。

换言之，只要硬件要素总体上满足违反安全目标随机失效度量指标要求，硬件组件层面的安全需求可以按照 ASIL 等级分解后的结果执行，这些硬件安全需求也包括硬件组件本身在不同随机失效下对应的安全机制的诊断覆盖率要求或者失效率要求，例如，单点/残余失效率 $\lambda_{SPF/RF}$，双点潜伏故障失效率 λ_{DPF_latent}，双（多）点故障的可探测失效率 λ_{DPF_det}。由于 ASIL 等级的分解，这些需求都会随之降低。

当然 ISO 26262 并没有也没有办法具体明确上述硬件组件层面诊断覆盖率要求，所以需要通过 FMEDA 计算整体硬件针对违反安全目标的度量指标，如果不满足分解前指标要求，则需要采用改进措施，包括采用失效率更低的硬件组件单元或诊断覆盖率更高的安全机制。

此外，由于 ASIL 等级分解中冗余可能性的存在，它还会改变硬件组件在系统层面的随机失效类型,进而间接影响了硬件随机失效概率化度量指标的计算。

例如,对于独立冗余的两个加速踏板信号传感器,分解前其安全需求的 ASIL 等级为 D,通过 ASIL 等级分解,两个独立的加速踏板信号传感器分配得到的 ASIL 等级均为 B(D),具体如图 9.2 所示。

图 9.2　硬件传感器 ASIL 等级分解示例

虽然对于整个加速踏板传感器整体(#1 和#2)而言,其概率化度量指标 SPFM、LFM、PMHF 针对安全目标必须满足分解前 ASILD 的要求,非 ASILB,但是在系统层面,此时由于安全冗余的存在(#1 或#2),其中单个传感器发生失效时,该失效在系统层面不再是单点失效,这两个加速踏板信号传感器的失效构成双点失效,和分解前相比,在系统层面的失效类型发生变化,整体的失效率计算就会发生变化,进而直接地影响硬件随机失效概率化度量指标的计算。

从这个角度讲,很多朋友认为的 ASIL 分解只适用于系统性失效,不适用于随机硬件失效,这个结论其实不完全正确,它只是不适用于相对安全目标的度量指标要求,在硬件组件层面依然适用,只是 ISO 26262 并没有明确不同 ASIL 等级在硬件组件层面的度量指标要求,本质上也没有必要,不然就丧失了 ASIL 分解的意义。

- 集成验证活动和确认措施将继续保持在原来的 ASIL 水平上。这意味着需要遵循的方法仍然在原来的 ASIL 水平上保持严格,ASIL 分解在这方面并没有带来额外优势。
- 功能和对应的安全机制很多时候都不能实现独立性要求,不属于 ASIL 分解。

例如,看门狗、程序流监控等安全机制。

- 同质化的冗余不满足独立性要求,不能进行 ASIL 分解。

例如,两个相同的传感器,虽然它们之间存在安全冗余,但由于存在系统性共因失效问题,除非能够证明它们之间的独立性,否则不能用于进行 ASIL 等级分级,所以,当采用冗余的传感器进行 ASIL 等级的时候,一般都会选择不同类型,或者相同类型但不同有效量程范围的传感器。

9.3　SEooC

在功能安全开发过程中，很多时候我们会遇到独立于环境的安全要素开发（Safety Element out of Context，SEooC），很多朋友搞不清：

- 什么是 SEooC。
- 什么时候应用 SEooC。
- SEooC 和正常功能安全开发有什么不同。
- SEooC 应该怎么开发。

本节我们就以问答的形式，专门聊聊 SEooC，回答朋友们的疑问。

9.3.1　SEooC 应用场景

SEooC 是独立于具体项目背景进行功能安全要素的开发。

所谓的独立于项目背景最简单的理解就是没有具体的车辆应用背景，车辆具体参数不清楚。

需要特别注意的是，SEooC 开发的安全要素可以是一个系统、软件、硬件，但不可以是一个相关项，因为相关项总是需要明确具体的整车环境，和具体项目相关。

SEooC 主要有两个应用背景：

- 通用产品的开发

汽车供应商为不同的客户和不同的应用开发通用的要素。这些通用的产品是独立于不同的客户开发出来的，便于后续通过修改复用应用到不同客户的产品中去。

- 前期技术储备

说白了就是很多企业在产品开发前期没有具体项目，这时候必须依托内部资源进行样机或 Demo 开发，以便拿到 OEM 项目等，然后，再根据具体项目进行适配型更改，这种情况也属于 SEooC 开发。

在这两种情况下，需要根据开发的安全要素，先对其做出关于需求以及设计的假定，这些假定包括了通过更高设计层级以及要素外部设计而得到的分配到要素的安全要求，然后根据这些假定进行功能安全开发。

9.3.2　SEooC 和正常的功能安全开发区别

从开发流程、工作输出产物的角度讲，SEooC 和正常的功能安全开发并没有本质区别，只是 SEooC 只执行安全要素所涉及的功能安全开发阶段的流程和工作输出产物。

具体而言：

- **正常功能安全**

有具体项目背景，功能安全开发始于相关项的定义，然后依次经过概念、系统、硬件、软件阶段等完整的功能安全开发过程。

- **SEooC 开发**

依据开发的安全要素的不同级别（是系统、软件，还是硬件），直接进入所对应的功能安全开发阶段（系统开发、软件开发、硬件开发），其前提输入条件，一般是上一个开发阶段的核心工作输出产物，包括前期需求、外部设计等，进行假设即可，然后，以此为基础进行安全要素的开发。即如果 SEooC 开发的安全要素是系统，则功能安全开发活动直接始于系统阶段开发。如果安全要素是软/硬件，则功能安全开发活动直接始于软/硬件开发。

需要注意的是，所谓的假设输入，不仅包含了上个开发阶段中和安全要素相关的安全需求，还包括了对于 SEooC 外部设计的假设，而 SEooC 本身的需求是由假设的上一层级的需求和该 SEooC 外部设计而派生出来的，它的正确实施将在 SEooC 开发过程中得到验证。

9.3.3 SEooC 应该如何开发

SEooC 开发的安全要素有三大类，即：系统、软件、硬件。26262-10：2018 第 9 部分，对其开发过程分别进行了阐述，总体而言，就是对安全要素对应开发阶段的上个开发阶段核心相关的工作范围和产物进行考虑，并对其进行假设，作为 SEooC 开发的前提输入。

那么对于不同的安全要素，如何进行 SEooC 开发呢？

9.3.3.1 安全要素：系统

系统是 SEooC 能够开发的最大的或者最高层级的安全要素，SEooC 系统开发直接始于系统阶段的开发，其上一个开发阶段为概念阶段，主要的工作产物包括相关项定义、安全目标（SG）及功能安全需求（FSR），所以需要对这些内容进行假设，作为系统 SEooC 开发前提输入。

图 9.3 为 SEooC 系统开发主要过程描述，较好地阐述了哪些开发阶段内容需要考虑。

很多朋友很疑惑那这些前提输入要怎么假设？

一般来说，有两个途径：

- 相关类似项目内容的裁剪，由此导出概念开发阶段和安全要素相关的相关项定义、安全目标（SG）和功能安全需求（FSR），然后根据 SEooC 系统安

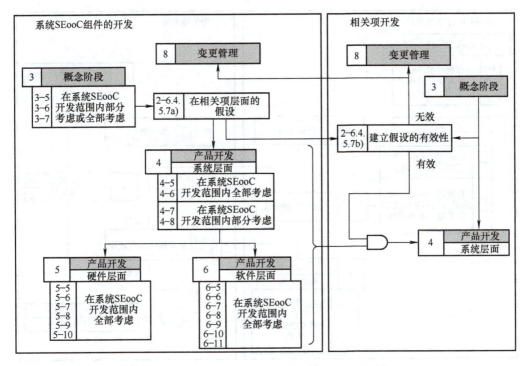

图9.3 系统要素 SEooC 开发内容及流程[13]

全要素进行适应性调整和更改。

- 如果没有相关类似项目,则可以对 SEooC 系统应用范围进行假设,然后进行简化的概念阶段开发,主要是对系统所应用的相关项进行定义,然后依据系统实现的功能进行安全分析,导出和其相关的安全目标(SG)和功能安全需求(FSR)。

9.3.3.2 安全要素:硬件

SEooC 硬件开发直接对应 ISO 26262-5:2018 硬件开发阶段,其前提输入是,和硬件相关的技术安全需求(TSR)。在 ISO 26262-10:2018 中,对硬件 SEooC 所对应的技术安全需求并没有强制性的要求,可以根据需要进行假设即可,或者直接定义硬件安全需求。

具体开发流程及涵盖的内容如图9.4 所示,在此不再赘述。

同样,硬件相关技术安全需求或者硬件安全需求应该怎么假设呢?

相对来讲,硬件 SEooC 相关的安全需求的假设较为简单,可以按照 ISO 26262-5:2018 附件 E 中的内容,例如,传感器、控制单元、执行器等,找出 SEooC 硬件相关的失效模式及对应的安全机制等,然后依此定义硬件安全需求

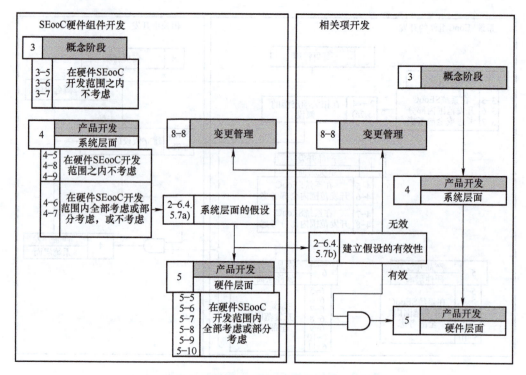

图9.4 硬件要素 SEooC 开发内容及流程[13]

即可。

此外,功能安全硬件本身包含的组件类型相对固定,不同系统中的部分硬件安全需求多可以直接复用。

9.3.3.3 安全要素:软件

软件 SEooC 开发大致流程和硬件 SEooC 开发基本一致,需要对软件相关的技术安全需求进行假设,然后以此为基础进行软件 SEooC 开发,具体就流程和开发范围如图9.5 所示。

同样,软件相关技术安全需求或者软件安全需求应该怎么假设呢?

- 软件相关的技术安全需求,根据软件应用对象的不同,相对差异化较大,在其假设过程中,需要首先明确软件应用范围,是一个完整的软件组件还是会应用到具体的软件架构中等,以及软件本身需要实现哪些功能和特性。
- 如果前期对软件组件功能实现不够清楚,可以从软件组件输入和输出接口入手,首先假设输入输出信号所需的功能安全需求及对应的 ASIL 等级、软件的安全状态及 FTTI 等,然后再对软件组件进行进一步安全分析,得到软件组件具体的 SEooC 软件安全需求,并以此为基础,进行软件 SEooC 架构设计和

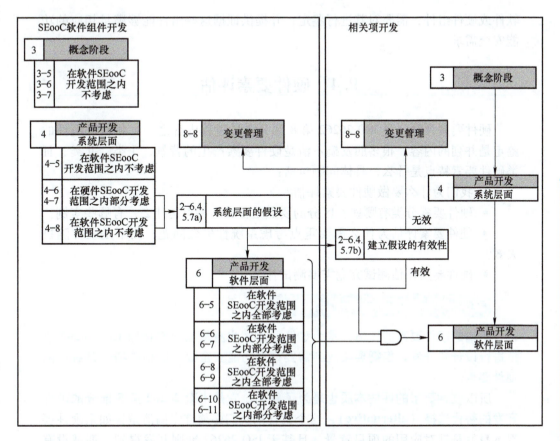

图 9.5 软件要素 SEooC 开发内容及流程[13]

实现开发。

但需要注意的是，不管是哪种安全要素对应的 SEooC 开发，最后都会集成到一个或多个特定的应用环境，即相关项中，此时需要根据具体应用环境情况，对前提输入的假设进行验证，以保证假设条件在具体应用环境中的有效性。

最后，需要注意，由 SEooC 开发的软件和硬件组件和 ISO 26262-8：2018 中第 12 部分软件和第 13 部分描述的硬件组件的鉴定和评估的区别：

- SEooC 要素开发

SEooC 基于假设进行开发，整个开发过程基于 ISO 26262 开发过程，符合功能安全开发标准，目的在于前期研发和复用，只需要根据特定相关项对其假设进行验证，如果存在差异则进行相应的更改。

- 软件和硬件组件鉴定

软件和硬件组件鉴定的应用背景是去复用没有按照 ISO 26262 流程开发的

软件或硬件组件，需要对其进行鉴定，并提供证据这些组件能够满足相应的功能安全需求。

9.4 硬件要素评估

硬件要素评估，是 ISO 26262 第 8 部分支持过程内容之一，和软件组件的鉴定是并列的内容。很多朋友搞不清楚硬件要素产生的背景，Ⅰ类、Ⅱ类、Ⅲ类硬件要素特点是什么，具体问题包括：

- 我们为什么要做硬件要素评估？
- 硬件要素分类有哪些？区分的要点是什么，特点是什么，有哪些实例？
- 硬件要素评估为什么需要重点考虑系统性失效问题，而不是硬件随机失效？
- 硬件要素评估测试究竟需要测试什么？

9.4.1 硬件要素评估的背景

所谓的硬件要素的评估，是为了使用那些本身最初没有按照 ISO 26262 规范进行设计和开发，但需要集成到需要符合功能安全要求的相关项或系统中的硬件要素。

所以**硬件要素的评估本质也是为了复用，它是 ISO 26262 第 5 部分的硬件开发的替代选择（alternative）**，这个大背景我们必须首先搞清楚！如果硬件要素本身就是针对应用的项目背景，且基于 ISO 26262 准则开发得到，那就没有对其进行硬件要素评估的必要。

这里需要注意，由于硬件要素本身多属于器件或元器件，多批量化生产，应用于不同的场景，一般不可能只针对某个项目应用而开发，所以在硬件设计过程中，需要验证所采用的硬件要素是否符合该项目或具体应用相关的功能及非功能要求，但这本质上还是硬件要素的复用。

9.4.2 硬件要素分类（Ⅰ，Ⅱ，Ⅲ）

在硬件要素的评估中，所考虑的硬件要素，根据其特性分为Ⅰ类要素、Ⅱ类要素或Ⅲ类要素，这样分类的目的在于，反映安全相关功能验证的难度，以及硬件要素在安全概念中的作用。

根据 ISO 26262-8：2018 内容，硬件要素可以分为：

9.4.2.1　Ⅰ类要素

- 定义：

— 该要素没有或仅有少数几种工作状态，且这几种状态可以从安全的视角被充分地表征、测试和分析。

— 可以在不了解该要素的实现细节和生产过程的情况下，识别并评估该要素的安全相关的失效模式。

— 该要素没有与安全概念相关的控制或探测其内部失效的内部安全机制。

- 要点：

— 极少数工作状态 + 没有内部安全机制。

- 特点：

— 硬件要素本身不需要进行评估，直接集成到硬件开发中。

— 只要集成后的硬件满足相关安全需求即可。

- Ⅰ类要素示例：

电阻、电容、二极管、晶体管、引脚 LDO、电平转换器、简单逻辑门、PTC 温度传感器等简单传感器。

9.4.2.2　Ⅱ类要素

- 定义：

— 该要素具有少数几种运行状态。

— 可以在不了解实现细节的情况下，依靠现有文档（例如，数据表、用户手册、应用说明），从安全的角度对其进行分析。

— 该要素没有与安全概念相关的控制或探测其内部失效的内部安全机制。

- 要点：

— 少数工作状态 + 没有内部安全机制。

- 特点：

— 需要评估计划和证据，证明要素的工作性能。

— 可以使用分析和测试的方法对其进行评估。

- Ⅱ类要素示例：

运算放大器（OP AMPS）、模数转换器（ADC）、数模转换器（DAC）、DC/DC 转换器、CAN/LIN 收发器、相对简单的传感器（例如，燃油压力传感器、温度传感器）。

9.4.2.3　Ⅲ类要素

- 定义：

— 该要素具有较多的运行模式。

— 在不了解实现细节的情况下，不能进行分析。

— 该要素具有与安全概念相关的控制或探测其内部失效的内部安全机制。

- 要点：
  – 较多工作状态 + 内部安全机制。
- 特点：
  – 推荐采用 ISO 26262 硬件开发过程对其进行开发，硬件要素评估不是首选方案。
  – 需要评估计划和证据，证明要素的工作性能。
  – 需要提供额外措施，证明由于**系统性失效**而违背安全目标或违背安全要求的风险足够低。
  – 可以使用分析和测试的方法对其进行评估。
- Ⅲ类要素示例：

微处理器、微控制器、SOC（片上系统）、多通道 PMIC、电机驱动器、高功能 SBC。

9.4.2.4　硬件要素评估内容

不知道朋友们有没有注意到，在Ⅲ类要素评估中，需要采用额外措施，论证要素系统性失效问题要足够低，而没有提及硬件随机失效，个人觉得有两个方面的原因：

- 和Ⅰ类、Ⅱ类硬件要素相比，Ⅲ类硬件要素组成相对复杂，出现系统性失效的概率更高。
- 硬件要素随机失效问题会在更高的集成层面，通过概率度量化指标进行约束。

这就得从硬件概率化度量指标说起，在 ISO26262 – 5：2018 对硬件随机失效概率化度量指标（即 SPFM、LFM，以及 SPFM）是针对违反安全目标的要求，即相关项层面的整体性要求，非硬件组件层面的要求。

所以硬件要素评估中，对于不同类型的硬件要素，需要提供不同失效数据（FIT、FMD、Pin FMA 等），甚至是安全手册，作为后续 FMEDA 计算的输入，但不会针对硬件要素本身进行单独的随机失效的评估，这部分内容会在后续更高的集成层面，针对硬件整体，根据硬件概率化度量指标进行度量。

那么针对Ⅱ类、Ⅲ类硬件要素评估，都需要对其进行测试和分析，证明其工作性能，符合功能安全的需求，那到底该测试什么内容呢？

首先需要明确的是，针对硬件要素评估的测试，是功能和性能的测试，具体来讲，体现在两个方面：

- 在特定的工作环境下，硬件要素本身是否能够正常工作，性能、精度是否足够。

这部分测试及分析内容为硬件要素本身功能层面的基本测试。

例如，某传感器是否能在特定环境下，正确采集相应的信号，精度是多少，在极端工作环境下，是否还能正常工作等。

所以这部分测试实质上属于硬件的功能测试，和安全机制其实没有太多联系。如果硬件要素存在相关测试报告，可直接使用，不需要进行重复测试。

- 在特定项目背景下，该硬件要素是否能够实现分配至该硬件要素的安全需求。

既然该硬件要素是应用于具体项目，通过上一阶段的功能安全开发活动，必然会将安全需求进行分解，最终分配至该硬件要素，所以这些安全需求要求的内容就是硬件要素需要测试的内容，需要制定相应的测试计划、规范和验证指标等，形成完整的测试和分析报告。

例如，CAN 收发器，除了功能相关的测试外，还需要测试分配至该要素的安全需求，如 E2E 保护措施是否有效，能否监测不同类型的通信干扰问题（延迟、阻塞、错误等）。

当然，如果硬件要素本身比较简单，可以通过分析的方式证明，则也可以接受。

此外，对于Ⅲ类硬件要素，例如，控制器，推荐直接采用 ISO 26262 规范开发，在开发过程中会集成Ⅰ类、Ⅱ类硬件要素，其评估内容见上面内容，但如果非要采用要素评估手段，其评估过程基本上和 ISO 26262-5：2018 硬件开发过程一致，可以直接参考相应的测试手段和方法。

9.5 安全分析

在功能安全开发过程中，安全分析无疑是最核心和最根本的内容之一，不管从概念阶段的 HARA 过程，还是导出不同层级的安全需求［功能安全需求（FSR），系统安全需求（TSR），硬/软件安全需求（H/SWSR）］都离不开安全分析。

那到底什么是安全分析，如何进行安全分析，在功能安全开发阶段的安全分析有什么区别？带着这些问题我们展开以下内容：

9.5.1 安全分析概述

如第 1.3.1 小节所述，功能安全的存在主要是为了解决电子电气系统中两大类失效问题：

- 人不是完美的 => 系统性失效
- 物不是完美的 => 随机硬件失效

而安全分析的目的在于，通过对可能引发电子电气系统这两大类失效的原因进行分析，从而制定相应的安全措施，以此确保因系统性失效或随机硬件失效而导致违反安全目标的风险足够低，所以安全分析的质量很大程度上决定了功能安全开发的有效性。

总体而言，所有的安全分析方法可以归为以下两类：

- 归纳分析法（Inductive Analysis）。
- 演绎分析法（Deductive Analysis）。

其中，FMEA（Failure Mode and Effects Analysis，即失效模式与影响分析）和 FTA（Fault Tree Analysis，即故障树分析）是归纳和演绎分析法最典型的代表，它们主要特点如下：

- **FMEA**
  - 典型的归纳分析法：是从多个个别的事物总结获得普遍的规则。
  - 定性分析。
  - 自下而上，从原因到结果，即从可能的故障原因，分析可能的危害结果。
  - 限于识别单点失效。
- **FTA**
  - 典型的演绎分析方法：通过已知的定律逻辑推演得到新的定律。
  - 定性和定量分析，概念和系统阶段多定性分析，硬件度量分析多定量分析。
  - 自上而下，从结果到原因，即从危害结果或事件，分析可能导致其产生的原因。
  - 除单点失效外，还可以识别双点及多点故障。

当然，在硬件分析过程中，尤其是硬件概率化度量计算过程中，也会将这两种安全分析方法进行拓展和融合，例如，FMEDA（Failure Modes Effects and Diagnostic Analysis），具体过程见 5.4.5 小节相关内容。

9.5.2 安全分析范围

在整个功能安全开发过程中，安全分析的应用非常广泛，虽然在不同的开发阶段所使用的安全分析方法为演绎或归纳法，但其范围和侧重点却不尽相同。

总体而言，ISO 26262 开发流程中所涉及的安全分析活动可以归为三大类：

- 安全需求导出

在功能安全不同开发阶段，通过安全分析，以此导出对应的功能安全需求，包括：

- 概念开发阶段：通过 HARA 过程导出安全目标（SG）并通过安全分析

导出功能安全需求(FSR)。

— 系统开发阶段:根据功能安全需求(FSR),通过安全分析导出技术安全需求(TSR)。

— 硬件开发阶段:根据技术安全需求(TSR),通过安全分析导出硬件安全需求(HWSR)。

— 软件开发阶段:根据技术安全需求(TSR),通过安全分析导出软件安全需求(SWSR)。

本质上都是根据上一层级的安全需求,通过安全分析,得到下一层级更为详细的安全需求。

- **安全验证**

在不同开发阶段,通过架构级别的安全分析,以此验证其主要的工作输出产物,包括:

— 概念开发阶段:通过对功能安全架构进行安全分析,实现功能安全方案(FSC)的验证。

— 系统开发阶段:通过对系统安全架构进行安全分析,实现对技术安全方案(TSC)的验证。

— 硬件开发阶段:通过对硬件安全架构进行安全分析,实现对硬件安全需求(SWSR)的验证。

— 软件开发阶段:通过对软件安全架构进行安全分析,实现对软件安全需求(HWSR)的验证。

在安全验证中,安全架构是安全分析的重要基础,针对安全架构的安全分析,可以脱离具体的代码实现,快速且有效地对现有的安全设计进行复查和验证。例如,可以采用归纳性的安全分析方法(FMEA),基于关键引导词或其他故障模型,采用逐一分析现有的安全设计中,已知的故障是否已经被足够的安全措施所完整地覆盖,以及是否还存在未知的其他可能的故障或失效的形式,以此来识别设计中与安全相关的薄弱点。

但无论在哪个开发阶段,通过安全分析对各阶段工作输出产物验证的目的都在于:

— 确保安全需求的正确性、完整性、一致性。

— 为系统设计的适合性提供证据,以证明其适合提供与 ASIL 等级相适应的特定安全功能和特性。

— 识别先前在危害分析和风险评估期间未识别的新危害。

- **安全确认的支持**

— 系统开发阶段:一般来讲,安全目标和安全概念的确认都需要通过测试完成,所以安全分析只能作为安全确认的支持手段。

9.5.3 FMEA

9.5.3.1 FMEA 背景

FMEA（Failure Modes Effects and Analysis，失效模式及影响）属于典型的归纳分析法，是一种用来确定潜在失效模式及其原因，并根据风险的大小，采取有针对性的改进，从而了解产品设计、制造能力，以此事先预防并实施改进措施的分析方法。

FMEA 最早应用于美国军事装备开发中，后面因为其方法的有效性，逐渐引入到各个行业，包括汽车行业，后来在美国和德国分别形成各自的标准：

- 德国汽车工业协会 VDA（Verband、Der Automobilindustrie）：Product and Process FMEA。
- 美国汽车工业行动小组 AIAG（Automotive Industry Action Group）：FMEA Reference Manual。

后来 VDA 和 AIAG 在 2019 年联合发布了统一的标准"Failure Mode and Effects Analysis FMEA Handbook"，具体如图 9.6 所示。

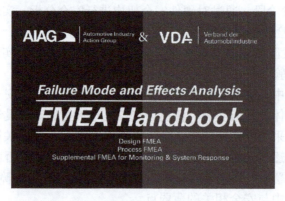

图 9.6 FMEA Handbook

根据 FMEA 应用过程，可以分为
- DFMEA（Design FMEA）。
- PFMEA（Process FMEA）。

对大多数研发类工程师而言，在功能安全分析过程中，多只涉及 DFMEA，所以本章主要针对 DFMEA 内容进行阐述。

9.5.3.2 FMEA 步骤

根据 FMEA Handbook，其工作过程可以分为 7 个步骤，具体如图 9.7 所示。

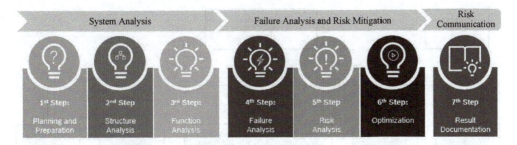

图 9.7　FMEA 七步法

- 步骤 1：规划和准备（Planning and Preparation）

第一步主要是 FMEA 前期准备工作，具体包括：
- 识别 FMEA 分析项目内容和边界。
- 定义 FMEA 计划，包括关键节点以及责任人等。
- 识别 Baseline，包括过往的经验教训、类型项目分析结果、法律法规等。
- 定义分析表头（Header），如图 9.8 所示。

Failure Mode and Effects Analysis(PFMEA)					
Process Location:	Owner:	Date originated:			Other relevant / supporting information:
Product Details/Part NO:	Process Details:	Dates Revised:	Revised by:	Issue #	

图 9.8　FMEA 表头示例

- 步骤 2：结构分析（Structure Analysis）

系统由若干元素构成，这些元素可以是子系统或者软/硬件组件，它们之间相关作用关联形成一个有意义的整体。

结构分析的目的在于阐述 FMEA 分析对象的结构组成，包括内部结构、对内及对外的依赖关系等，这可以帮助我们更好地理解分析对象，为下一步的功能分析提供基础。

那应该如何清楚，完整的描述系统的结构呢？

毋庸置疑就是采用系统架构视图，一般我们可以通过结构化的架构视图描述系统结构（具体可以参考 6.3.2 小节中 UML/SysML 结构视图相关内容），例如，通过类图描述系统结构的层级，组件图描述系统内部组成及接口关系。

BMS 系统组件视图的示例如图 9.9 所示。

- 步骤 3：功能分析（Function Analysis）

功能没有按照预期被实现即为失效，所以步骤 4 失效分析的前提是完整准确地描述系统功能，这个也是步骤 3 功能分析存在的原因。

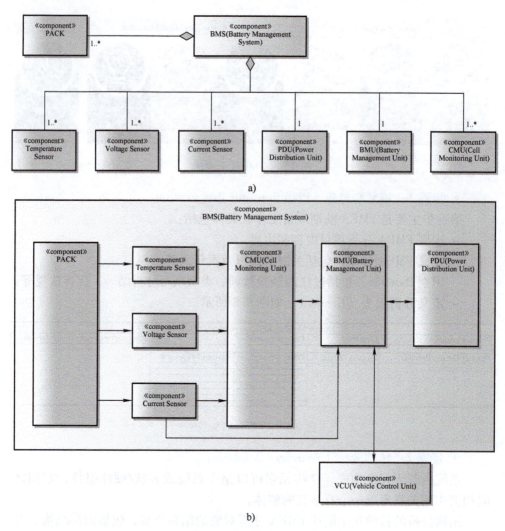

图9.9 组件视图示例图

a) 类图　b) 结构图

那到底什么是功能呢？

很多朋友搞不清功能、需求和软件的区别，从本质上来讲，**功能的本质是需求**，只不过是针对具体对象，根据其相关性，被系统化集成和抽象后形成的需求集合，而软件或者硬件是实现功能的具体手段而已。

所以对于功能分析而言，首要任务是完整清楚地描述系统的功能，并确保系统功能被合理地分配至已有的系统架构元素当中，这样便于进行后续失效分析。

那怎么描述系统功能呢？

FMEA Handbook 推荐采用以下两种分析途径对系统的功能进行完整分析：

- **功能结构树（Function Structure Tree）**

所谓的功能结构树，就是针对某个功能（作为中间层级），分析并罗列出和其相关的上一层级和下一层级功能，用于描述系统不同层级功能之间的依赖关系。

需要特别注意的是，这里的上一层级和下一层级，并不是指它们之间存在信号输入和输出的关系，而是从上到下依次是逐渐被实现的过程，或者抽象到具体的过程，即中间层级功能用于实现上一层级的部分（或全部）功能，下一层级用于实现中间层级的部分（或全部）功能，这其实就是系统功能由上至下逐级被分解的过程，功能结构树就是呈现这个层级之间的依赖关系，以便于根据这个依赖关系在失效分析中识别出失效链，为步骤 4 失效分析提供基础。

功能结构树本质上和 FTA 故障树结构类似，只是 FTA 是从故障的角度描述顶层故障和导致其发生的逐层具体化的原因之间的层级关系，而功能结构树是从功能角度，逐级细化功能实现的过程，功能的失效即为故障。

继续以表 3.6 中 BMS 防止电池过温失火这个功能为例，其功能结构树示例如图 9.10 所示。

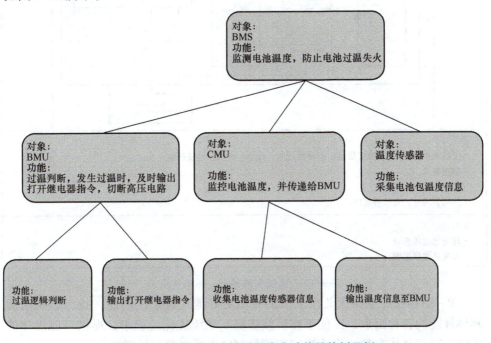

图 9.10　BMS 防止电池过温失火功能结构树示例

- P-图（Parameter Diagram）

所谓的 P-图就是描述系统某一功能的行为特性，或者阐述哪些因素可以影响功能的运行。具体而言，就是以单个功能为单位，描述其可能影响功能正常运行的噪声或控制因素、可能的输入（包括非预期输入）、功能表现（控制因素，与之相关的功能和非功能需求等）、可能的输出（包括非预期输出），进而形成完整的功能描述图。

以图 9.10 中温度传感器采集电池包温度信息这个子功能为例，对应的 P-图描述示例如图 9.11 所示。

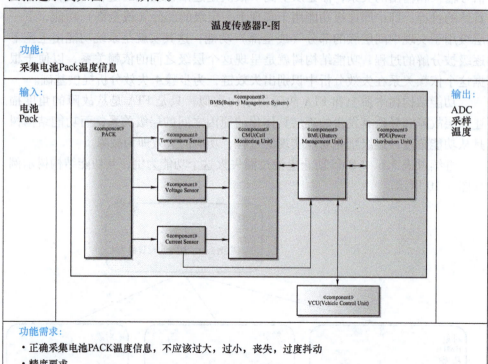

图 9.11　温度传感器 P-图描述示例

P-图存在的主要意义在于帮助我们更好地理解系统功能，找出影响功能具体性能的各种因素，以便于在后续步骤 6 系统优化过程中，提供可能优化的方向，甚至具体参数，也为测试用例的制定提供了很好的基础。

当然，系统一般包含很多的功能，每个功能都可以采用单独的 P-图描述，实际操作中可以针对比较重要的功能，实现 P-图的描述，其他的功能可以简化描述即可。

- 步骤 4：失效分析（Failure Analysis）

失效分析的目的是正确地识别出步骤 3 分析得到的功能所对应的失效原因（Failure Cause）、存在的失效模式（Failure Mode）以及失效影响（failure effect），从而确定失效链。

所谓的失效或者失效模式，即预期功能发生不符的情况，例如，传动系统离合器没有按预期接合或分离，制动系统没有预期制动等。

功能的失效模式可以借助以下引导词进行分析：

- 功能丧失（Loss of Function）（e.g. inoperable, fails suddenly）。
- 功能降级（Degradation of Function）（e.g. performance loss over time）。
- 功能不连续（Intermittent Function）（e.g. operation randomly starts/stops/starts）。
- 部分功能（Partial Function）（e.g. performance loss）。
- 非预期功能（Unintended Function）（e.g. operation at the wrong time）。
- 非预期方向（Unintended Direction, Unequal Performance）。
- 功能超出（Exceeding Function）（e.g. operation above acceptable threshold）。
- 功能延迟（Delayed Function）（e.g. operation after unintended time interval）。

常见的功能失效分析引导词示意图如图 9.12 所示。

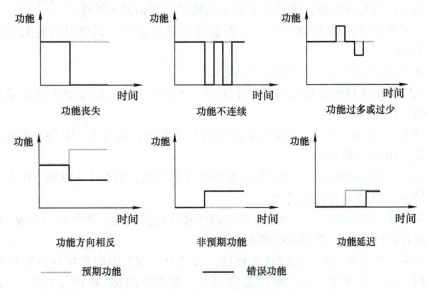

图 9.12 失效分析引导词示意

所谓的失效原因就是发生失效的原因，主要是回答为什么会发生这样的失效。

所谓的失效影响就是失效发生的后果或结果，主要是回答这样的失效会产生什么结果。

由三者构成的失效链模型如图 9.13 所示。

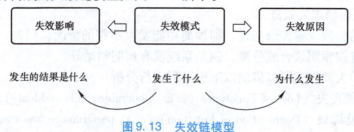

图 9.13　失效链模型

不难发现，FMEA 中失效链的概念和 2.2 节中描述的错误、失效和危害的本质其实是一致的，只是命名存在一定差别，失效原因对应 ISO 26262 中的错误，失效或失效模式二者命名不存在差别，失效影响则是 ISO 26262 中的危害。

虽然 ISO 26262 命名和 FMEA 存在差异，但目的都是为了描述失效模型或者失效链，它们在本质上都属于失效，只是关注的层级存在差异而已，个人认为，FMEA 中对失效原因、影响的定义其实更合理一些，更容易理解。

根据步骤 3 中的功能结构树，我们可以根据失效分析引导词很容易识别出每一功能层级对应失效，进而从下而上就构成了所谓的失效链。

以图 9.10 功能结构树为例，根据引导词进行分析、识别得到的失效链如图 9.14 所示。

- 步骤 5：风险分析（Risk Analysis）

风险分析的目的是通过以下三个角度，评估失效的风险来确定需要采取优化措施的优先级。

严重度（Severity）：表示失效影响的严重程度，共分 1～10 级，0 表示最不严重，10 表示最严重。

频度（Occurrence）：表示失效原因发生的频度，共分 1～10 级，0 表示可能性最小，10 表示可能性最大。

探测度（Detection）：表示失效原因或模式的探测性，共分 1～10 级，0 表示探测有效性最小，10 表示探测有效性最大。

其中，严重度（S）比较容易理解，和 ISO 26262 中危害事件风险评估中的 S 值一致，但频度（O）和探测度（D）和 ISO 26262 中的暴露度（Exposure）、可控度（Controllability）却存在明显的差异：

- 首先，FMEA 中频度（O）和 ISO 26262 中暴露度（Exposure）并不是

第9章 功能安全专题

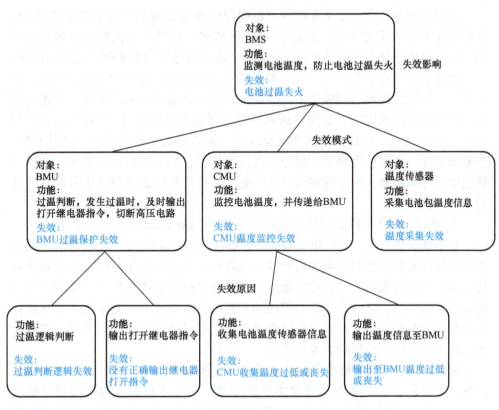

图9.14 根据功能结构树导出失效链

一个概念。

在 ISO 26262 中，暴露度（Exposure）表示危害事件发生的概率或频率，直接取决于危害事件所处的运行场景（是否高速、转向等，具体见 3.3.3.2 小节内容）的暴露概率，和安全措施无关。

而在 FMEA 中，频度（O）旨在描述保护控制（Protection Control）的有效性，所谓的保护控制就是指在产品交付生产之前，所采取的所有防止潜在失效原因导致失效产生的控制措施，控制措施不仅仅包括功能安全中安全机制（冗余，Fail to Safe 等）这类技术设计手段，还包括了设计中所采用的流程标准、设计方法指南、严格的零件技术要求、以往类似经验、参考数据或仿真的设计等一切控制手段，所以频度（O）更像是对设计质量（Quality of Design）的一个总体度量，不管是在设计中采取什么样的控制手段，只要有助于降低失效或失效原因的产生，发生的频度（O）越低，这和 ISO 26262 存在明显区别。

- 其次，在 ISO 26262 中 ASIL 等级确定的时候其实并没有探测度（D）这个维度。

在 ISO 26262 中，设计流程和质量把控内容更多地属于事前预防的手段，大多是在不同的开发阶段，根据不同 ASIL 等级，对其开发流程或方法进行约束，即在 ISO 26262 中所罗列的各种表格，通过对过程约束来保证设计的质量。

而在 FMEA 中，探测度（D）旨在描述探测控制（Detection Control）的有效性，所谓的探测控制就是指产品在交付生产之前所采取的探测，发现失效或失效原因的控制措施，这里的探测控制主要是设计的验证（Verification）和确认（Validation）过程，包括了功能检查、耐久测试、软件在环、硬件在环、实验测试等一切可以发现失效可能性的探测措施，但不包括设计中实施的安全机制对故障的探测，所以探测度（D）更像是对产品验证和确认手段的有效性的一个评估。

- 最后，FMEA 风险评估中没有可控度（Controllability）这个维度。

在 ISO 26262 中，可控度（Controllability）指在系统发生故障后，驾驶员能够保持或者重新控制车辆的可能性，或者在这个危害发生范围内的个体能够通过他们的行动来避免危害的可能性，它强调驾驶员个体在降低风险时的参与能动性和可能性，而这个概念在传统的 FMEA 中并不涉及，它认为应该通过保护控制和探测控制措施在产品交付给用户之前尽可能降低产品的风险，驾驶员能动性不在降低产品风险的范畴之内。

总结来讲，FMEA 属于质量控制手段，在风险评估中，它针对的内容更为广泛，不仅包含了产品设计质量本身的度量，而且还包括了对产品设计验证（Verification）和确认（Validation）有效性的度量，而 ISO 26262 只关注功能安全的部分，在所有的安全分析过程中，它多关注产品功能安全相关的设计（尤其是安全机制）是否足够有效，却并不涉及设计验证（Verification）有效性的度量，而是将设计的验证和确认作为开发流程中的固定部分，并通过 ASIL 等级进行相应的约束。

由此可以看出，虽然 FMEA 作为 ISO 26262 强烈推荐的安全分析方法，但从其风险评估的三个维度，包括严重度（S）、频度（O）和探测度（D）来讲，它和 ISO 26262 安全分析要求还是存在一定的差别。

为此，2019 年最新版 FMEA Handbook 中，新加入了 FMEA - MSR（Monitoring and System Response）相关内容，其分析步骤和本章节介绍的传统的 FMEA 保持一致，但步骤 4 中，风险评估指标进行了调整，加入了风险场景的影响和系统预警及驾驶员能动性的内容，具体包括：

- 严重度（Severity）：和传统 FMEA 中指标保持一致。
- 频率（Frequency）：表示失效在相应运行场景下发生的频率，共分 1~10 级，0 表示可能性最小，10 表示可能性最大。
- 监测度（Monitoring）：表示在系统监控功能及用户在监测并控制系统

进入安全或合规状态的能力，共分 1~10 级，0 表示监测有效性最小，10 表示监测有效性最大。

由上述可知，FMEA – MSR 中风险评估的以上三个指标基本和 ISO 26262 一致，这也可以认为是 FMEA 为支持 ISO 26262 安全分析活动相应的支持。

不管是哪种风险评估指标，得到其指标对应的值，就可以根据 RPN = O × D × S（传统 FMEA）或者查表（FMEA – MSR）确定优化措施优先级，优先级越高意味着风险越高，具体内容见 FMEA Handbook，在此不再赘述。

- 步骤 6：优化（Optimization）

一旦量化了风险，就可以根据优化措施优先级对产品设计进行优化和改进，通过优化措施将失效的风险降低至合理的水平。

- 步骤 7：结果记录（Result Documentation）

结果记录就是对整个 FMEA 活动过程输出的结果，尤其是风险评估结果和优化措施结果进行记录，以便于形成完整记录文档，便于进行 FMEA 迭代过程。

9.5.4 FTA

9.5.4.1 FTA 概述

故障树分析（FTA）起源于 20 世纪 60 年代，是美国国防部为研究导弹系统可靠性而开发的一种分析方法。随着时间的推移，故障树分析已经被广泛应用于多个领域，例如，核能、航空航天、汽车工业等，成为一种常用的可靠性分析方法。

故障树分析（FTA）属于典型的演绎分析方法，即从已知的定律经过逻辑推演得到新的定律的方法，它通过创建从上到下的图形/逻辑树结构，以图形化和易于理解的形式，系统地分析并记录从顶层非预期事件开始到可能导致其发生的原因之间的逻辑路径，将失效原因进行分类和归纳，可以有效识别出导致故障产生的双点及多点故障，帮助分析人员找到影响系统运行的根本原因。

FTA 分析工具有很多，常用的包括 Isograph、Windchill FTA、medini® analyze 等。

和 FMEA 相比，FTA 除了可以对故障进行定性分析外，还可以进行定量分析，即通过基本的布尔运算，根据底层事件发生的概率从而计算顶层事件发生的概率，在硬件安全分析中，这对硬件系统违反特定安全目标的不同类型的失效率计算非常有效。

当然 FTA 也存在一定的局限性，例如：

- 顶层事件必须预先设定或者用其他方法进行确定。因此，目前尚未知晓的失效不能被考虑在内。

— 对于每个顶层事件，必须构建一个独立的故障树，相对比较耗时和耗力。

— 由于系统描述是一个固定的时间点描述，因此无法模拟动态变化（例如：如果特定状态下 A 和 B 都发生故障，C 会发生什么？）。

— 需要 FTA 分析者必须详细了解系统的功能，以便能够应用正确的逻辑门。

— 如果故障树过于庞大，需要使用计算机软件来进行处理，并且树形结构可能会非常复杂。

— 无法对具有超过 2 种状态（仅功能正常和故障）的组件进行建模。

— 为计算顶层事件的总发生概率，必须知道每个基础事件的故障概率，而每个基础事件的概率确定有时很困难，并且存在不确定性。

9.5.4.2　FTA 方法步骤

故障树分析的基本思想是将系统失效看作是一棵树形结构，通过逐级分析失效原因的关系，最终找到导致失效的根本原因，具体的步骤如下：

- 步骤1：准备和系统分析（Preparation and System Analysis）

第一步主要是 FTA 前期准备工作，具体包括：

— 明确系统分析的范围（系统与它的限制、接口和边界条件）。例如，系统内容描述，环境干扰的考虑和分析范围。

— 明确 FTA 分析任务，分析的类型（定量、定性），对于定量分析，需说明数据基础来源。

- 步骤2：定义顶层事件（Top Event Definition）

非预期事件或故障事件，通常被称为顶层事件（Top Event），是指需要进行分析的系统故障或功能异常。这里的顶层事件需要根据分析对象进行定义，可以是系统、软件或硬件级别的失效，大到车辆层面的故障、控制单元功能的失效，小到错误的传感器信号或一个电路组的故障等。

在 FTA 顶层事件的定义或来源可以基于以下两种情况：

— 功能或需求的不实现（如功能或需求描述）。

— 来自早期分析得到的非预期事件（如 FMEA、HARA 等分析结果）。

- 步骤3：建立故障树模型（Failure Tree Modelling）

根据失效的定义和条件，分析导致顶层事件产生的所有可能的原因，建立故障树模型。

故障树模型包括顶层事件、中间事件和基本事件，其中：

— 顶层事件是需要分析的系统失效。

- 中间事件是导致顶层事件的中间原因。
- 基本事件（底层事件）是不能再细分的最基本的原因。当然，基本事件的层级会随研究对象的变化而不同，例如，系统级别的FTA分析只需细化至组件层面的基本事件即可。

FTA通过树形逻辑符号的形式，展示故障模型中顶层事件、中间事件和基本事件的不同关系和路径，其基本的逻辑符号见表9.2。

表9.2　FTA故障树分析基本逻辑符号

基本符号	意义	结果
（与门 Gate & P_1 P_2 → P）	与运算（AND-Gate） 只有当所有的输入事件都是真的时候，输出事件才会发生。 输出概率 P 的计算方法如下： $P = P_1 \cdot P_2 \cdots P_n$	P_1 | P_2 | P 0 | 0 | 0 1 | 0 | 0 0 | 1 | 0 1 | 1 | 1
（或门 Gate ≥1 P_1 P_2 → P）	或运算（OR-Gate） 当所有的输入事件其中至少一个为真的时候，输出事件就会发生。 输出概率 P 的计算方法如下： $P = 1 - (1-P_1) \cdot (1-P_2) \cdots (1-P_n)$ $= P_1 + P_2 + \cdots + P_n$	P_1 | P_2 | P 0 | 0 | 0 1 | 0 | 1 0 | 1 | 1 1 | 1 | 1
（异或门 Gate =1 P_1 P_2 → P）	异或运算（XOR-Gate） 只有在只有一个输入事件为真、其他事件为非真的情况下，才会发生输出事件。 输出概率 P 的计算方法如下： $P = 1 - (1-P_1) \cdot (1-P_2) - P_1 \cdot P_2$ $= P_1 + P_2 - 2 \cdot P_1 \cdot P_2$	P_1 | P_2 | P 0 | 0 | 0 1 | 0 | 1 0 | 1 | 1 1 | 1 | 0
（Event P=0.001 → P）	事件（Event） 主要的基础事件或故障原因。 失效概率 P 一般源于实验或制造商	
（Sub-Gate P=0.001）	子门（Sub-Gate） 表示进一步的分解分析在此不再继续展示，多用于避免不同故障分支中重复部分的展示	
（Text）	文本（Text） 文本元素可以被内置到故障路径中，以补充展示额外信息	

其中，输出概率计算公式中的概率 P 可以用失效率 λ 代替。

根据步骤3中确定的每个顶层事件，将顶层事件放置于故障树顶部，作为已知的失效或功能异常，下一层是单独或组合导致触发顶层事件原因，根据从抽象到具体的原则，逐层罗列并分解出可能导致上一层事件产生的所有原因，并通过基本逻辑符号表示它们和上层事件之间的逻辑关系，直到不能再继续分解的基本原因为止，从结构上看，一个简单故障树示意图如图9.15所示。

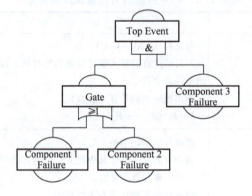

图9.15　FTA故障树示意图

对于FTA定性分析而言，尤其是硬件相关的故障分析，可以根据实验数据、标准，或者生产商数据手册等，查阅底层事件相关的失效率数据，给每个底层事件分配一个概率值，表示它们发生的可能性。

- 步骤4：分析故障树（Failure Tree Analysis）

通过逐层分析故障树，找到导致系统失效的根本原因。在分析的过程中，可以使用"与门"和"或门"逻辑关系来表示各种原因之间的关系。

在故障树分析过程中，根据故障树逻辑组合关系，某些单个底层事件的发生会直接导致顶层事件的产生，而有些需要不同的底层事件组合才能导致顶层事件的产生，故障树（最小）割集和（最小）径集的概念由此产生，其定义如下：

— 单点失效（Single Point Failure）：故障树中基本事件单独发生就能导致顶层事件发生。

— 双/多点失效（Dual/Multiple Point Failure）：故障树中两个或多个基本事件同时发生会导致顶层事件发生。

— 割集（Cut-Set）：故障树中能导致顶层事件发生的基本事件的集合。

— 最小割集（minimum Cut-Set）：故障树中能导致顶层事件发生的最少数目的基本事件的集合，在最小割集里任意去掉一个基本事件，顶层事件就不会发生。与此相反，在故障树中，若所有的底层事件都不发生，则顶层事件肯定不会发生，但有时候某个或几个底层事件不发生就可以保证顶层事件不会发生。

— 径集（Radius – Set）：能使顶层事件不发生的基本事件的集合叫作径集，所以径集是表示系统不发生故障的模式。

— 最小径集（minimal Radius – Set）：指不导致顶层事件发生的最低限度基本事件的集合。

通过找出故障树中最小割集及最小径集，可以在不考虑各底层事件发生的概率或失效率的情况下，仅从故障树结构上分析各底层事件对顶层事件发生的影响程度，即结构重要性。

此外，还可以根据每个底层事件发生的可能性，从下往上，根据逻辑门关系，计算顶层事件发生的概率或者失效率。如果概率高于预设的安全阈值，则需要采取相应的措施来提高系统的安全性。

需要注意的是，共因失效是指在系统中，多个部件或子系统由于相同的原因而同时失效的情况。从FTA图形的角度来讲，就是一个事件在故障树中多次出现。这种失效模式可能是由于相同的设计缺陷、材料问题、制造工艺问题、环境因素等造成的。共因失效会导致系统顶层事件的失效率大幅度增加，从而影响系统的可靠性和安全性，所以在故障树定量和定性分析中需要着重分析。

- 步骤5：优化改进（Optimization and Improvement）

根据故障分析的结果，提出合理有效的改进建议，以提高系统的可靠性，例如：

— 使用故障率较低的组件。

— 引入可使有关基本事件变成多点故障的冗余（对结构有影响，并使基本事件变成多点故障）。

— 引入监控，减少基本事件对顶层事件产生影响的故障率（将单点故障变成受监控的故障 => 有效性取决于安全机制监测的质量）。

本质上，FTA主要分析过程和9.4.3.2小节中结构树非常类似，只是从故障的角度描述顶层故障和导致其发生的逐层具体化的原因之间的层级关系，具体实例说明请见3.5.2小节内容。

9.5.5　STPA

9.5.5.1　STPA 步骤

STPA（System – Theoretic Process Analysis），即系统理论过程分析，最初是由MIT Nancy Leveson教授提出，他认为安全属于控制问题，由此提出了STAMP（Systems Theoretic Accident Model and Process），其核心是Accidents results from inadequate control, not from chains of failure events，即事故是由不当的控制引起，而不是来源于失效链，并提出了 STPA 定性的安全分析方法。

STPA 分析步骤如下：

- STPA 步骤 1：定义分析的目的和范围

该步骤的目的在于，识别出研究对象对利益相关者可能造成的损失（Loss）和整车层面的危害（Hazard），这部分内容和 ISO 26262 中概念开发阶段的危害分析过程基本一致。

所谓的损失（Loss），本质上和伤害等效，主要包括以下两个方面：

- 对人的伤害：包括生命损失或伤害。
- 对物的伤害：包括车辆或外部物体的损伤。

对于自动驾驶系统，乃至整个车辆而言，损失无非就这两个方面，相对比较固定。

所谓的整车层面的危害（Hazard），就是整车层面的状态或条件，和特定的恶劣环境相结合，导致事故或损失的产生，这个定义和 ISO 26262 一致，即危害导致损失（伤害）的潜在来源。

整车危害的导出可以利用 ISO 26262 危害分析中 HAZOP 方法，根据自动或辅助驾驶系统功能，例如，对于辅助驾驶车道保持系统 LKA，借助 HAZOP 引导词导出潜在的危害示例，如表 9.3 所示。

表 9.3　整车危害导出示例

场景	伤害/损失	整车危害
有雾天气下，车辆行驶在高速公路上，视野较差，且对面车道存在车辆	失去生命或伤害	车辆发生非预期的车道偏移，进入危害区域

- STPA 步骤 2：控制结构的建模

从控制结构出发，进行安全分析，识别出整车危害（Hazard）产生的原因，是 STPA 分析的核心，所以控制模型的建立是 STPA 分析的基础。

所谓的控制结构或模型是系统控制行为和反馈行为的集合，用于展示系统内部决策逻辑和过程。

这里的控制结构不是 ISO 26262 中相关项定义中系统的组成及结构的描述，而是从系统的控制器控制逻辑出发，阐述为了使得对控制对象实现特定的功能，需要采用哪些控制模块，它们之间的层次、相互作用关系等。

如图 9.16 所示，对于控制系统而言，涉及的对象一般包括传感器（输入）、操作者、控制器以及执行器（输出），本质上操作者也属于传感器，只是为了更好地体现人对系统的影响，尤其是 SOTIF 人为合理误触发，将操作者单独罗列。控制结构的作用就是描述它们之间的控制、反馈行为。

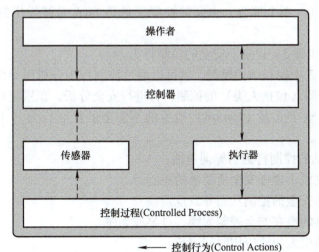

图 9.16 控制结构示意图

需要注意的是，控制结构的建模一开始不需要深入控制器内部，重点关注控制模块的外层的关键输入和输出即可，控制器内部的控制结构可以根据步骤 4 中识别原因场景的需要进行细化。

以 LKA（Lane Keeping Assistance）系统为例，基本的控制结构示意如图 9.17 所示。

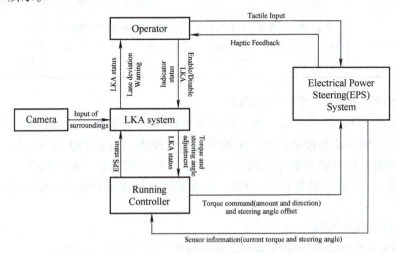

图 9.17 LKA 系统控制结构示意图[15]

其中，主要传感器是摄像头，执行器为 EPS，控制器包括了 LKA 系统和 Running Controller 两个部分，主要的控制变量是 LKA 系统发出的转矩和转向角度。

- STPA 步骤 3：识别不安全的控制行为

基于步骤 2 中控制结构模型，就可以通过控制行为分析引导词，对控制结构中每个控制器（包括人类）的控制行为进行安全分析，识别出可能会导致步骤 1 中定义的整车危害（Hazard）产生的不安全的控制行为（Unsafe Control Action，UCA）。

STPA 常见的控制行为引导词包括：
- 未提供或不遵守安全所要求的控制。
- 提供不安全的控制从而导致危险。
- 所提供的潜在安全控制太晚、过早或无序。
- 控制结束太快或应用时间过长。

这里的 STPA 控制行为引导词和 HAZOP 引导词基本上类似，只是 HAZOP 引导词针对功能，包括功能的丧失，提供非预期的功能等，而 STPA 引导词针对控制行为，需要和整车危害（Hazard）挂钩。

对于 LKA 系统而言，采用上述控制行为引导词对控制结构中所有的控制行为进行分析，以控制行为转向力矩为例，可能的不安全控制行为（UCA）示例如表 9.4 所示。

表 9.4　LKA 系统不安全控制行为示例

控制行为	没有提供	提供	提供给的时机错误	提供的时长错误
转向力矩	车辆即将驶出车道时，没有提供转向调整力矩	车辆在车道内正常行驶时，提供了转向力矩	车辆偏移车辆时，提供的转向力矩过晚	车辆已经返回到车道后，继续提供转向力矩

- STPA 步骤 4：识别原因场景

它属于 STPA 核心步骤，确定导致危害的原因场景和相应的因果因素，主要是识别导致不安全控制行为产生的可能诱发原因，也是 ISO 21448 中第 7 章，即潜在功能不足与触发条件识别主要内容，主要是回答以下两个问题：

问题一：为什么控制行为（CA）没有或没有被正确地执行？相关故障场景是什么？

继续以 LKA 为例：
- LKA 控制器错误地认为不会由于转向不足导致车道偏离。
- 由于以下信息错误，控制器错误地认为不会发生车道的偏离，例如，车道线、转向盘转角等。

问题二：为什么会产生这样的不安全控制行为（UCA）？

例如：

a）车道线不清楚— 摄像头车道线识别错误— LKA 被错误地激活或关闭。

b）车道偏移被 LKA 错误计算。

上述两个问题属于递进关系，a）属于过程、情景分析，b）基于 a）的分析结果识别最终原因，可以以此制定新的安全措施作为安全需求，为后续改进提供基础。

- STPA 步骤 5：识别控制措施和缓解措施并改进

最后一步，根据识别得到的导致潜在不足和人为误触发的原因，制定相关的控制措施和缓解措施，并对其进行改进。

9.5.5.2　STPA 与 FMEA、FTA 的区别

了解完 STPA 分析过程，那么和典型的归纳分析方法 FMEA 和演绎分析方法 FTA 相比，它们本质上有什么区别呢？

个人认为主要区别如下：

✓ 事故模型的逻辑不同

一般的安全分析方法，不管是 FMEA，还是 FTA，都是基于失效链的分析逻辑，认为事故是由独立的组件的失效或其组合导致的。

但随着系统复杂度不断增加，系统或组件间的交互越发复杂，事故的发生不再是源于某个特定的组件，更多的是它们之间不安全的交互或多重因素共同影响，而本质上，复杂系统组件本身及其交互都是为了确定系统的控制行为，只要控制行为安全，理论上就不会产生事故，所以 STPA 认为事故属于控制不当的问题。

✓ 分析的基础不同

不管是 FMEA，还是 FTA，都需要首先定义研究对象的系统结构和功能组成，并将其作为安全分析的基础，分析人员需要对系统进行非常充分的了解和认知，并根据经验分析得出系统可能存在的危害，以及危害可能产生的原因。

而 STPA 分析的基础是系统控制结构，是系统设计必不可少的环节，一旦控制结构明确，分析过程相对简单，相比而言，对分析人员的经验依赖较小。

✓ STPA 部分结合 FMEA 和 FTA 分析过程

在一定程度上，STPA 结合了 FMEA 和 FTA 自下而上和自上而下的分析过程，首先通过 HAZOP 或简化的 FMEA 这种自下而上的分析过程，定义系统损失和整车危害，然后，根据系统控制结构，自上而下，识别不安全控制行为，分析其发生的原因。

总体而言，STPA 更适用于复杂系统的安全分析，借助控制结构模型，可

以使得安全分析过程更为简便，但控制结构模型的建立是基础。在项目之初，控制结构很难完全确定，需要随着项目进展，不断完善和深化，安全分析也需要不断更新。

9.5.6 FMEA 和 FTA 在安全分析中的应用

在前面三个章节，我们分别详细介绍了安全分析最常见的几种方法：在功能安全开发过程中，虽然 STPA 也可以应用于不同的安全分析活动，但一般情况下，FMEA 和 FTA 应用较多，而 STPA 多用于评估复杂系统的安全问题和识别安全约束及要求，尤其对于预期功能安全（SOTIF），STPA 可以相对较好地解决功能不足、系统在不适用的环境中使用、人员误用等问题。

接下来我们主要针对 FMEA 和 FTA，具体看看这两种方法在安全分析中具体有哪些应用呢？

在 9.5.2 小节中，功能安全对应的安全分析范围中，总共包含了三个方面内容，包括安全需求导出、安全验证和安全确认支持，所以 FMEA 和 FTA 的应用也对应这三个方面。

9.5.6.1 安全需求导出

安全需求的导出可以分为两大类型：

（1）安全目标（SG）的导出

也就是概念阶段所谓的 HARA 过程，即通过对相关项功能进行安全分析，导出在整车层面可能产生的危害并对其风险进行量化（即 ASIL 等级确定）。

所以，安全目标的导出是典型的归纳过程，根据功能，分析可能的故障，这个和前面介绍的 FMEA 思路基本一致，所以 ISO 26262 推荐使用 HAZOP 或 FMEA 进行安全分析，导出安全目标。而 HAZOP 实则是简化版的 FMEA，直接利用功能引导词，分析特定功能在车辆层面可能产生的危害。但 HARA 和 FMEA 相比，存在三个方面的差异：

1）FMEA 和 HARA 过程对风险的量化采用了相似但不同维度的量化参数，具体差别见 9.5.3.2 小节 FMEA 步骤中的相关阐述。

2）FMEA 是针对产品开发质量的综合评估，已经包含了已经实施的相关的安全措施的评估，更适用于对现有安全设计进行验证，而 HARA 是导出功能安全开发最初的安全目标，不考虑相关的安全措施对危害风险的影响。

3）HARA 安全分析止于对危害事件风险的量化，通过 HARA 过程只是导出安全目标级 ASIL 等级，作为功能安全开发最初的安全需求，所以不需要按照 FMEA 全部步骤对系统进行优化。

(2) 其他安全需求的导出

其他安全需求的导出包括了功能安全需求（FSR）、系统安全需求（TSR）、硬件安全需求（HWSR）以及软件安全需求（SWSR）的导出。它们的导出方法基本一致，只是层级细致程度不一样，且上一层需求作为下一层需求导出的输入。

以功能安全需求（FSR）导出为例，根据安全目标（SG），导出功能层级的可能导致 SG 失效的安全需求，即系统失效的结果是已知的输入，需要找出导致其发生的具体原因，所以这属于典型的演绎分析方法，这个和前面介绍的 FTA 思路基本一致，所以一般多采用 FTA 根据安全目标（SG）导出相应的安全需求（具体实例应用请见 3.5.2 小节内容）。

很多朋友存在疑问，是否可以通过 FMEA 导出安全目标外的其他安全需求呢？

答案是肯定的，只是没有 FTA 便捷，例如，在安全目标导出过程中，可以在功能层面进行安全分析，根据功能可能产生的异常，提出相应的功能安全需求，只是这样需要最后将不同的安全需求根据功能归类到相应的安全目标（SG）之下，这样无形中增加了工作量，而没有 FTA 分析方法那么直接和流畅，直接导出特定安全目标对应的安全需求。

此外，对于高 ASIL 级别的安全需求，例如 ASIL C 和 D，可以同时采取 FMEA 和 FTA 这两种安全分析方法，二者相互补充和验证，以此确保安全需求的正确性和完整性。

9.5.6.2 验证系统的安全性

在开发功能安全相关的系统时，需要验证系统是否满足相关的安全标准和规范，保证工作输出产物的正确性、完整性、一致性以及是否能够实现相应的 ASIL 等级。

FMEA 和 FTA 除了可以进行不同层级的安全需求的导出，还可以作为一种功能安全验证手段，用于分析系统的安全性和合规性。

架构是验证的重要基础，包括了系统、软件及硬件架构，通过 FMEA 和 FTA 对不同层级的架构进行定性的安全分析，实现对系统的验证。具体而言：

- 通过 FMEA，根据系统安全架构，在架构层次分析现有的功能、接口等可能存在的失效模式，以及这些失效是否存在相应的安全措施，能够被安全机制有效覆盖，对应的安全机制是否足够有效，实现相应 ASIL 等级要求，或在事先设计中已经实施的 ASIL 等级分解，在现有的安全架构中是否还依然适用（因为在设计过程中，可能因为技术或可实施性等原因，导致设计发生变更，导致上一层的安全需求分解无效，但没有做相应的变更分析）。

- 通过FTA，根据安全目标（SG），分析系统的失效模式和影响路径，确定系统是否能够满足相关的安全要求，以及在出现故障时能否保持安全状态，但相对使用较少。

9.6 基于模型的系统开发（MBSE）

在汽车功能安全开发过程中，不管在系统、软件还是硬件开发阶段，V开发模型始终贯穿整个开发过程，即始于需求，架构开发，具体实现，最后验证和确认，且要求安全需求分配至系统架构，不同开发阶段的工作输出产物之间必须建立良好的可追溯性，这实际上正是系统工程（Systems Engineering，SE）的基本要求，所以汽车功能安全的有效实施离不开系统工程，尤其是可以利用架构模型帮助我们在功能安全开发前期，根据安全需求构建所需的安全功能，并从复杂度、成本等角度对其进行综合探讨和评估，找出最合适的实施技术方案。

在传统的系统工程应用过程中，不管是需求，还是架构，都是以文档为中心，每个阶段工作输出结果的载体都是文档，不同团队和阶段的交流也都是基于文档。

但随着系统复杂性的上升，以文档为中心的系统工程（Text Based Systems Engineering，TBSE）方法存在很多问题，例如：

- 系统复杂化，文档数量增多，不便于书写、管理。
- 文字描述存在歧义，对团队沟通协作不友好，不同部门及开发人员难以形成统一理解。
- 需求变更，追溯困难。
- 文档无法仿真验证。

为了解决TBSE所存在的问题，国际系统工程学会（INCOSE）提出了基于模型的系统工程（Model Based Systems Engineering，MBSE）方法，它也是应对系统复杂度的解决之道。

MBSE强调以图形化模型为核心，将系统工程方法论过程中设计内容通过工具模型化、电子化，构建不同阶段开发模型，例如，需求模型、架构模型、详细设计模型等，并彼此相互关联，以便于进行影响分析，增加工作输出产物的可复用性，形成系统一体化设计，可以有效解决随着系统复杂度提高对传统基于文档的系统工程带来的挑战。

模型既然是MBSE的核心，那么如何建立模型是MBSE的关键任务。为建立系统化模型，MBSE在系统工程原有方法论的基础上，新增了建模语言和工具这两项内容，这也就构成了 MBSE 落地的三大基本要素 PMT，即流程（Process）、方法（Method）和工具 Tools：

MBSE = 建模语言 + 系统工程方法论 + 工具

- 建模语言

建模语言定义了建模过程中可以使用的可视化元素及其代表的意义。为消除歧义，MBSE 要求使用统一化的建模语言 SysML。它以图像化的方式定义了不同类型的视图表达方式，例如，需求视图、结构视图、流程视图、状态视图等，这些视图相互补充，可以用于表达 MBSE 设计过程中关注对象的不同侧面（View），进而形成完整的系统架构模型。

功能安全架构模型的建立实际上源于 MBSE 这部分内容，系统化建模语言及相关视图类型描述可以参考 6.3.2 小节内容。

- 方法论

所谓的方法论就是以解决问题为目标的一种通用的理论体系，即告诉我们以什么的方式、步骤或流程去解决问题。MBSE 方法论其实比较多，业界不同企业或组织提出了不同的方法论，比较常见的包括：

- OOSEM。
- Arcadia。
- Harmony SE。
- State Analysis。
- Object Process Methodology（OPM）。
- MagicGrid。
- Vitech。

但不管这些方法论如何变化，其本质都是基于 V 模型，都是从系统需求获取及定义，到系统架构设计，再到详细设计及验证等，只是不同的方法论在这个过程中侧重点以及采取的方法不完全相同。

那么应该如何通过建模语言中不同的视图将系统工程方法论中的工作内容尽可能有层次地、可追溯地、完整地统一在一个系统化模型中，实现一体化的模型设计呢？

答案就是 RFLP 方法。

针对 MBSE 不同的方法论，不管是 INCOSE 提出的 OOSEM，还是法国泰雷兹（Thales）集团提出的 Arcadia，其本质都是采用 RFLP 方式去描述系统架构。

所谓的 RFLP 方法就是：

- R：需求（Requirement）。
- F：功能（Function）。
- L：逻辑（Logical）。

— P：物理（Physical）。

RFLP 认为我们应该从以上四个角度（Viewpoint）去对待系统，通过建立相应的架构模型，将复杂技术产品的实现过程进行完整映射。

其中，逻辑角度（或架构）是 MBSE 最关键的步骤之一，它存在目的在于：

1）复杂系统简单化，系统化思考问题。

逻辑架构符合我们对事物的思考方式，面对复杂及未知的系统，可以在不考虑具体技术实施手段的情况下，从逻辑上理解复杂系统，让我们在不受技术实现细节约束的情况下，从系统、整体及后续维护等角度，充分理解系统，权衡利弊，给出合理有效的逻辑解决方案，这也是 MBSE 应对系统复杂性的优势之一。

2）技术中立。

逻辑视图技术中立，可以有效增加系统的复用性。

- 工具

工具是指在实施 MBSE 过程中建立、管理模型所使用的软件工具。它可能需要借助多个工具，包括了需求定义及管理工具、架构建模工具、测试验证管理工具等，它们之间通过接口进行交互，建立可追溯性，也可以是自主开发的综合性设计工具，将 MBSE 过程建模统一在一起。

个人认为，MBSE 方法论大家都比较熟悉，MBSE 落地实施的关键除了思维转换，摒弃原有基于零部件的开发，模型的建立是关键，而有效的工具支持是建立及管理模型的必要条件，它可以将工程师从繁杂的文档工作中解放出来，专注于可视化模型的建立，整个产品研发以模型作为驱动，提高产品开发效率。

了解了系统工程或 MBSE 核心内容，我们再来看一下，为什么 MBSE 是系统复杂性的应对之道？

这个问题有点大，个人尝试回答如下：

所谓的复杂性，主要是源于研究对象结构复杂，组成元素相互作用，存在错综复杂的关系，使得我们不能由局部来认识整体。所以，解决复杂性的根本在于从整体上认识系统，以从上到下（Top-Down）的工作方式将系统逐步细化，明确系统对内及对外的相互作用，并通过有效的手段将整个工作过程完整地、直观地记录下来，使得我们能够从整体上认识和理解系统。

而系统工程或 MBSE 方法论的核心正是从系统角度认识整体，一方面通过系统的方法论，重视需求和架构的作用，对系统进行及时的验证和确认。另一方面，MBSE 开发过程以模型为驱动，通过系统模型以图像化方式直观地揭示系统的组成及它们之间的联系，让工程师能够以一种更加容易的方式掌控系统复杂性。

9.7 功能安全与预期功能安全（SOTIF）

如 1.2 节所述，功能安全（Functional Safety）、预期功能安全（SOTIF）和信息安全（Security）是汽车安全三大核心内容，各成体系且都有相应的指导标准。但实际上，预期功能安全（SOTIF）和功能安全（Functional Safety），不管是解决的问题的本质还是方法论上，二者关系都非常紧密，为此，在本节进行 SOTIF 相关的阐述，以此更好地理解二者的关系和实际开发中的应用。

9.7.1 自动驾驶安全困局

安全问题是自动驾驶落地的核心问题之一。个人理解，自动驾驶的安全问题存在以下特殊性。

9.7.1.1 技术困局

总体而言，技术的困局存在于两个方面。

（1）面对复杂及非白盒系统，安全标准执行性变差。

和传统的电控系统（例如，传动、底盘、转向等）相比，自动驾驶系统本身以及和其他系统交互的复杂性不言而喻。为此，基于确定或者白盒化的模型（简单地说，就是能通过物理公式对其进行建模）的传统汽车开发思路和手段，已经完全不再能够应对自动驾驶系统的复杂性带来的挑战。为此，大量的机器学习、人工智能等非白盒化模型应用于自动驾驶控制系统，以此代替现有驾驶员的职能。

虽然这些非白盒化算法有效帮助我们实现复杂的系统的功能，并且随着大量数据输入的迭代，算法本身也会进化，变得更加智能，但与此同时，我们也越来越难真正从物理规律的角度去理解这样开发出来的系统，甚至基于数以万计训练参数的机器算法模型，有可能已经超越了人类的理解范畴。

现有安全法规多基于安全分析，而安全分析多基于白盒思维，除对开发流程约束外，主要是对研究对象的结构和实现的功能进行逐层的安全分析，找出安全薄弱环节，然后实施相应的安全措施。

在这样的情况下，基于白盒化的安全分析活动的可实施性无疑受到了极大的限制和挑战，工作难度及工作量急剧上升，研发人员的可靠性决定了安全开发的可靠性，安全分析的作用被迫降低，只能通过大量的基于不同场景的仿真和长期的测试验证和确认，尽可能保证自动驾驶系统的安全性，其最终效果如何,也不得而知!

当然,系统复杂化是汽车智能化发展必然的问题,不单单是安全问题所面临的挑战,个人认为,需要我们从以下两个大的方面去努力:

—— 一方面,充分利用基于模型的系统工程的优势,以架构及模型为开发主导,并运用自动化实施类工具,尽可能简化人为操作,降低开发难度和开发工作量。

—— 另一方面,既然功能安全开发V模型左侧开发内容难以全面实施,那就必须注重V模型右边部分,在不同开发层级,通过大量的测试用例和测试场景库,进行仿真、HiL、实车等测试,尽可能实现更多的覆盖,尽早发现问题,进行迭代优化,从而在一定程度上弥补V模型左侧白盒分析的不足,从而保证产品安全问题。

(2)技术的局限,导致预期功能安全新问题

为了实现汽车自动驾驶的功能,尽管自动驾驶系统采用了大量的感知传感器、图像及视觉处理识别技术、规划算法等,但在复杂的驾驶环境中,这些技术仍然存在很多限制性。

—— 自动驾驶汽车需要处理各种复杂的场景和交通情况。

例如,识别车辆所处的运行环境,包括交通标识(可能不完整或被遮挡)、交通规则、其他交通参与者、没有被机器学习算法覆盖的不明障碍物等。这些情况都需要自动驾驶系统快速准确地识别和判断,并做出正确的驾驶决策。

—— 自动驾驶汽车还需要应对各种恶劣天气和路况情况。

例如,雨雪天气、道路坑洼和泥泞、道路维修等。这些情况可能会影响传感器的性能和对其判断,进而导致自动驾驶系统无法准确地感知周围环境。

所以,自动驾驶车辆安全问题并非都源于功能安全问题(即由系统性失效和硬件随机失效带来的安全问题)。在复杂的运行场景中,自动驾驶系统即便没有功能安全相关的失效,但由于当前技术的制约,包括传感器、算法等本身性能的局限和不足,依然会产生很多的新非预期的安全问题。

当然,为了解决上述的技术困局,可以采用更先进的传感器技术和规划算法,同时加强系统的质量把控,但是技术制约的问题依旧存在,且短期不可能得到根本性解决,资本的压力增加,那这样的技术困局如何解决?

在这样的背景下,预期功能安全随之诞生,它主要用来解决自动驾驶系统由于预期性能的不足和合理的人为误用导致的安全问题。虽然SOTIF行业法规ISO 21448已经发布两版,但其内容和具体实践方法还是需要不断丰富和改进。

当然,对于自动驾驶系统,功能安全(Functional Safety)和信息安全(Security)问题同样不容忽视,只是和预期功能安全相比,相对比较容易解决。

9.7.1.2 责任（法规）困局

当自动驾驶车辆出现交通事故时，应该如何进行责任认定，哪些属于自动驾驶应有的责任，例如发生交通事故或行人被撞时，谁应该为此负责？是车企、车主还是开发人员？如何进行赔偿？

目前关于高级别自动驾驶系统事故责任划分法规基本空白，各车企自动驾驶产品能力参差不齐，大多数车企都不愿意也没有足够的能力承担相应的责任。在众多利益的博弈下，最后往往受伤的都是最普通的用户，这些问题一方面需要等待自动驾驶技术进一步成熟，同时也需要从法律法规层面研究和探讨，制定完善的法律和法规应对这些问题。

9.7.1.3 道德困局

除技术，责任的困局外，道德困局也不容轻视。

（1）道德问题

自动驾驶汽车在遇到紧急情况时，例如，行人突然出现，或老人和年轻人同时处于危险之中，自动驾驶系统应该以什么样的道德标准采取措施？系统是否应该优先保护车上的乘客，还是采取最小伤害原则，不同的企业是否能够采用一套标准，这个标准由谁制定等，这是一个涉及道德和法律问题的复杂问题。

（2）隐私问题

自动驾驶系统需要采用大量的传感器和摄像头感知周围环境，但同时也会收集大量有关驾驶员、乘客以及其他交通参与者的个人信息。这些信息如何处理和保护，由谁监管，如何监管，以避免滥用和侵犯隐私权，这一定程度上也属于道德问题。

虽然目前国家出台了一些数据安全采集的法规，但多基于国家安全层面出发，不能保证自动驾驶系统数据隐私安全性问题。

当然，除了以上主要的困局，还有大众对自动驾驶系统的接受度问题、成本问题、人机交互问题等。例如，由于自动驾驶系统人机交互界面不够清晰、易懂，导致人类难以理解车辆的决策过程和风险提示，也可能会造成行车事故。这些都是制约自动驾驶技术落地的重要因素。

技术困局只能依靠技术解决，那么责任和道德困局有没有什么解决办法呢？这个问题很难回答，个人只能简单回答如下：

1）健全法规及道德协议。

业界应该广泛征求意见，专门针对自动驾驶系统事故责任及道德问题，制定相应的法规和道德协议，明确自动驾驶系统的责任划分，以及在特定情况下的行为准则、道德价值判断标准，将基本道德要求法规化，并将其考虑到自动驾驶系统算法之中，这可以帮助减少自动驾驶系统上路的不确定性和道德问题的出现。例如，最基本的要求，在紧急情况下，系统应该优先考虑人的生命安全，而非车辆或财产损失。

2）设立监管机构。

政府或第三方机构可以设立监管机构，监督和评估自动驾驶系统的安全和道德标准，这可以帮助确保自动驾驶系统不会对公众造成不良影响。

3）统一标准。

国际社会及行业可以制定统一的标准，规范自动驾驶系统的安全设计和操作接口，这样可以确保一些最基本的安全问题。

4）教育和宣传。

教育和宣传可以帮助提高公众对自动驾驶系统的理解和信任。人们需要了解自动驾驶系统的原理、工作方式以及安全性，以更好地理解自动驾驶技术，增加对其接受程度。

作为汽车技术从业人员，从技术的角度竭尽全力解决技术困局诚然极其重要，也是必经之路，但自动驾驶其他非技术困局也不能忽视，有时候很多问题都不是单靠技术就能解决的，**作为一名汽车行业从业人员，精于技术，但却不能只专注于技术**。

总之，安全问题无止境，没有绝对完善的技术，也就没有绝对的安全。在不同的技术成熟阶段，如何权衡上述各方问题，给出符合当下环境的安全解决方法，我辈还需要不断尝试和努力，砥砺前行！

9.7.2 解决的问题的差异

从本质上来讲，预期功能安全（SOTIF）和功能安全（Functional Safety）都是在解决汽车电子电气系统的危害问题，只不过侧重点或者导致危害的来源不同而已。

(1) 功能安全（Functional Safety）

1）旨在避免因电子电气系统故障而导致的不合理风险，其危害来源于电子电气系统的故障，而该故障是由系统性失效和硬件随机失效产生的。

2）适用于汽车各系统的开发，包括高级辅助驾驶及自动驾驶系统。

3）功能安全系统性失效和硬件随机失效基本上都属于已知运行场景下功能安全失效问题。

(2) 预期功能安全（SOTIF）

1）旨在解决由功能不足或者由可合理预见的人员误用所导致的危害和风险，其危害不源于功能的失效，而是系统功能不足或合理人为误用。例如，传感系统在恶劣环境情况下,本身并未发生故障,但不能按照预期执行预期的功能。

2) SOTIF 是在自动驾驶技术发展的大背景下提出的,是自动驾驶从 L2 到 L3 升级的必然需求。在复杂的系统以及场景中,危害时常源于由环境影响带来的非预期性安全问题。

3) SOTIF 安全开发活动多基于场景(Scenarios),ISO 21448 将其研究场景划分为如图 9.16 示的 4 个区间,其中,1 为已知 - 安全,2 为已知 - 不安全,3 为未知 - 不安全,4 为未知 - 安全。

4) 如图 9.18 所示,预期功能安全活动的目的是尽可能缩小位于区间 2 和 3 中的场景的比例,将其转化为 1 和 4 的场景,确保场景控制在安全的区间。

5) 预期功能安全解决的问题都集中在区间 2 和 3,其中区间 3,即未知不安全运行场景下的预期功能安全问题是 SOTIF 问题的特殊之处且难以解决。

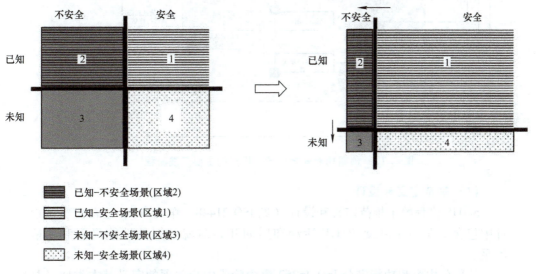

图 9.18　预期功能安全研究场景及预期安全活动带来的场景的演变[12]

虽然功能安全和预期功能安全目前隶属于不同体系,但它们的研究方法和内容,例如,危害的分析、验证和确认过程等,都存在很大的关联,在自动驾驶系统中,除了预期功能安全问题,功能安全问题也是不可忽视的存在,尤其对于某些安全问题,本质上很难完全界定属于已有功能异常还是预期功能不足。

从这个角度讲,个人觉得功能安全和预期功能安全其实更应该统一为一体,它们本质上都是研究车辆功能没有按照预期运行而导致的安全问题,只是导致危害的潜在的来源不同而已,尤其是在自动驾驶系统研发过程中,这两类安全问题都必须给予充分的考虑，它们可以相互结合，避免重复的分析工作，可以从更系统的角度考虑安全措施的设计，以此有效降低开发周期和成本。

9.7.3 SOTIF 开发流程概览及与功能安全对比

根据 ISO 21448，预期功能安全 SOTIF 的主要开发流程如图 9.19 所示。

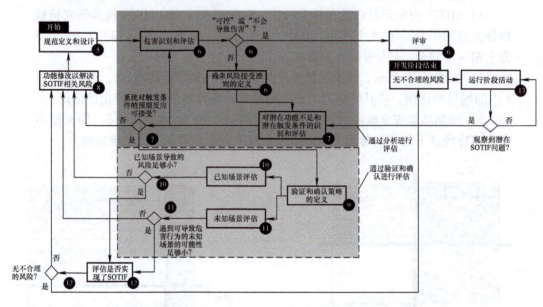

图 9.19 预期功能安全（SOTIF）的主要开发流程[12]

(1) 规范定义和设计

SOTIF 流程始于规范定义和设计（见 ISO 21448，第 5 章），规范定义和设计中包含了那些在后续 SOTIF 活动和周期开始前就已知的性能局限和功能不足。

这部分内容和功能安全 ISO 26262 概念阶段中相关项的定义基本类似（具体见 3.2 节），都是对研究对象（对 SOTIF 而言，为不同级别的自动驾驶系统）的组成（系统及其要素）、功能和性能局限性（例如，分类不足、测量不足、运动学估算不足、假阳/阴性探测等）的充分理解，最终会形成一份已知的功能不足、相关的触发条件及其应对措施（如果已经存在或定义）的详尽列表，以便执行后续阶段的活动。

(2) 危害分析和风险评估

危害分析和风险评估（见 ISO 21448，第 6 章）基本上完全参考 ISO 26262 中相应内容（具体见 3.3 小节），同样也是根据研究对象整车级别功能安全分析，例如 HAZOP，评价危害事件的暴露度（S）、可控度（E）、严重性（C）。

只是对 SOTIF 而言，不会根据 S、E、C 确定综合的 ASIL 等级，而是会定义危害事件的接受准则。预期功能安全的接受准则包含两个层面（所谓的双层接受准则），即：

1）第一层：判断车辆行为是否属于危害行为，可能导致危害事件的准则，即**危害行为接受准则**。

2）第二层：针对不满足危害行为接受准则的那些行为，可导致 S>0 且 C>0 的危害事件，需要进一步判断车辆运行过程中残余安全风险是否处于合理水平的准则，即**残余风险接受准则**，并将其作为这一阶段的工作输出结果，在下一个开发阶段进一步确定其触发条件。

为什么预期功能安全（SOTIF）没有直接通过 ASIL 等级对危害事件的风险进行评估量化呢？

个人认为原因如下：

1）自动驾驶系统对单次故障容忍程度低。

自动驾驶系统对单次故障容忍程度低，一旦故障发生，基本上都会导致严重的危害，甚至危及生命。

2）自动驾驶系统驾驶员参与程度低，对危害可控性差。

预期功能安全多适用于高级自动驾驶系统，驾驶员很少或基本上不参与驾驶过程，对危害的可控性低，所以 ASIL 等级量化中控制性 C 基本上都为 C3。这样一来，基本上大部分危害事件 ASIL 等级均为 D，没有区分意义，ASIL 等级适用性不强。

3）自动驾驶场景暴露度（E）难以量化。

暴露度 E 取决于车辆运行场景，但对于预期功能安全而言，很多场景非常特殊或者未知，目前没有办法根据现有运行场景，确定暴露度参数 E。

4）预期功能安全问题属于技术能力不足的问题，亟须通过技术更新改善。

预期功能安全旨在解决功能或性能不足的问题，这些问题和功能安全中解决的问题有着本质的区别。功能安全中系统性失效和硬件随机失效问题，属于必然的存在，基本上无法通过技术手段根除，而预期功能安全更多的是由于当前技术能力的限制引起的安全问题，一旦暴露，理论上都应该通过技术的进一步完善被根除，以此推进自动驾驶技术的进步。

鉴于上述原因，至少需要等自动驾驶技术趋于成熟，预期功能安全问题得到实质性改善，未知且危险的运行区域足够小，预期功能安全问题则会逐渐演化为功能安全问题。

但就目前技术现状而言，自动驾驶预期功能安全问题亟待改善，基于风险的危害评估，即 ASIL 等级，作为顶层量化指标，用于指导预期功能安全开发活动和安全措施还不适用。但是暴露度（S）、可控度（E）、严重性（C）可以用来调整确认工作所需的工作量。

（3）潜在功能不足与触发条件识别

根据危害分析和风险评估结果，针对不满足危害行为接受准则的那些行为，需要识别其触发条件，即分析由哪些原因导致该事件的产生（见 ISO 21448，第 7 章）。

针对自动驾驶系统，一般会根据其"感知-规划-执行"模型，对规划算法、传感器和执行器，以及环境条件和合理可预见误用，进行系统性分析，识别和评估潜在规范定义不足、性能局限、输出不足和触发条件。例如，触发条件可以是外部环境干扰、道路基础设施、已知规划算法的局限性、感知和执行的精度问题等。

触发条件是构成危害事件进而产生危险的直接诱发因素，也是 SOTFI 流程中为后续进行系统优化和改进的重要基础。

（4）系统的优化与改进

通过潜在功能不足与触发条件的识别，则需要根据已有设计，判断系统是否有相应的安全措施应对这些风险。如果不存在，则需要对系统进行改进与优化（见 ISO 21448，第 8 章），包括提高组件性能（更好的传感器技术、算法等）、系统修改（冗余、多样性和互补要素）、功能限制、权限移交等手段，并对规范定义和设计进行更新。

（5）定义验证和确认策略

旨在制定适当的验证和确认策略（见 ISO 21448，第 9 章），以提供证据来证明系统：

- 验证：在组件层面，来自已知危害场景的潜在的危害行为得到全面且有效的控制。
- 确认：在整车层面，来自已知和未知危害场景的残余风险满足接受准则并具有足够的置信度。

具体而言，就是为后续已知危害场景的评估和未知危害场景（残余风险）的评估，提供相应的策略，包括集成定义、验证和确认活动的导出方法、确认目标定义等。

这部分内容和功能安全 ISO 26262 中第 7 章内容，即系统阶段（Ⅱ）中的验证和确认方法基本类似。

（6）已知场景的评估

对于已知场景的评估，包括了对已知场景的验证和确认。

对于已知的危害场景的验证部分，根据上一部分内容中的验证和确认策略，只需要对其进行基于场景的验证即可（见 ISO 21448，第 10 章），同样根据自动驾驶系统决策模型（感知-规划-执行），分别对其进行感知的验证、规划算法的验证、执行的验证和系统集成的验证，只是根据验证对象的不同其验证方法有所区别，验证手段多以仿真和测试为主。

对于已知的危害场景的确认部分，则需要通过验证结果证明其残余风险在可控合理的范围内。

这一部分的内容，对于 SOTIF 来讲，其实属于相对比较容易解决的问题，本质上和功能安全解决问题的思路是一样的，只是对象和危害根源不同而已。

（7）未知场景的评估

对于未知危害场景的评估，目的是确认来自未知危害场景的残余风险满足接受准则并具有足够的置信度（见 ISO 21448，第 11 章），这部分是 SOTIF 最难解决的问题。和功能安全相比，属于全新的存在，ISO 21448 也没有太多的解决办法，只能依靠大量的长期测试进行确认，以极大的数据量覆盖未知场景，包括一些非常极端的小概率场景。

（8）SOTIF 成果评估

SOTIF 成果评估（见 ISO 21448，第 12 章），主要是对 SOTIF 活动产生的工作成果的完整性、正确性和一致性进行评审，给出并确认发布建议，包括"接受""有条件接受"或"拒绝"SOTIF 发布的建议。

这部分内容和功能安全中的 8.2.4 节认可措施有点类似，主要是对 SOTIF 流程和各阶段工作成果进行审核和评估。

（9）运行阶段的活动

该部分属于 ISO 21448 第 13 章内容，主要是发布之前定义现场监控流程，以确保运行期间的 SOTIF。

现场监控流程，需要根据驾驶自动化等级、预期功能的复杂程度以及危害的严重程度，进行制定。对于较低的驾驶自动化等级，通常的市场监管程序可能已足够。但对于较高的驾驶自动化等级，需要额外的手段，例如，自动驾驶数据存储系统（DSSAD）/汽车事件数据记录系统（EDR）和车载/远程安全监控系统等。这些手段可以监测和记录车辆的性能和行驶情况，并提供实时的安全监测和控制，以确保自动驾驶车辆的安全性和可靠性。

参 考 文 献

[1] International Organization for Standardization. Road vehicles—Functional safety—Part 1: Vocabulary: ISO 26262-1: 2018 [S]. [2018-12-18].

[2] International Organization for Standardization. Road vehicles—Functional safety —Part 3: Concept phase: ISO 26262-1: 2018 [S]. [2018-12-18].

[3] EGAS Workgroup. Standardized E-Gas Monitoring Concept for Gasoline and Diesel Engine Control Units Version 6.0 [R]. [2015-01-01].

[4] International Organization for Standardization. Road vehicles—Functional safety —Part 5: Product development at the hardware level: ISO 26262-5: 2018 [S]. [2018-12-18].

[5] https://www.nxp.com/docs/zh/white-paper/FUNCSAFTASILDWP.pdf [Z].

[6] International Organization for Standardization. Road vehicles—Functional safety —Part 11: Guidelines on application of ISO 26262 to semiconductors: ISO 26262-11: 2018 [S]. [2018-12-18].

[7] International Organization for Standardization. Road vehicles—Functional safety —Part 6: Product development at the software level ISO 26262-6: 2018 [S]. [2018-12-18].

[8] SPICE, Automotive. Process Reference Model, Process Assessment Model Version 3.1 [R]. [2017-11-1].

[9] International Organization for Standardization. Road vehicles—Functional safety —Part 4: Product development at the system level: ISO 26262-4: 2018 [S]. [2018-12-18].

[10] AUTOSAR GbR. AUTOSAR_EXP_LayeredSoftwareArchitecture [R].

[11] International Organization for Standardization. Road vehicles—Functional safety—Part 2: Management of functional safety: ISO 26262-2: 2018 [S]. [2018-12-18].

[12] International Organization for Standardization. Road Vehicles—Safety of the Intended Functionality: ISO/PAS 21448 [S]. [2019-01-01].

[13] International Organization for Standardization. Road vehicles—Functional safety —Part 10: Guidelines on ISO 26262: ISO 26262-10: 2018 [S]. [2018-12-18].

[14] KRUUS H, TARMO R, GERT J. Teaching modeling in SysML/UML and problems encountered [C] //25th EAEEIE Annual Conference (EAEEIE). Turkey: IEEE, 2014.

[15] MAHAJAN H S, BRADLEY T, PASRICHA S. Application of systems theoretic process analysis to a lane keeping assist system [J]. Reliability Engineering & System Safety, 167, 177-183, 2017.